诗说山大青年

——青春力量续写百廿篇章

翁祥栋　方　华　主编

山东大学出版社
SHANDONG UNIVERSITY PRESS
·济南·

图书在版编目(CIP)数据

诗说山大青年 ：青春力量续写百廿篇章/翁祥栋，方华主编.—济南：山东大学出版社，2023.10

ISBN 978-7-5607-7937-9

Ⅰ.①诗… Ⅱ.①翁… ②方… Ⅲ.①山东大学—校史 Ⅳ.①G649.285.21

中国国家版本馆 CIP 数据核字(2023)第 181584 号

策划编辑 刘 彤
责任编辑 刘 彤
文案编辑 谭婧婺
封面设计 李 齐 王秋忆

诗说山大青年
SHISHUO SHANDA QINGNIAN
——青春力量续写百廿篇章

出版发行 山东大学出版社
社 址 山东省济南市山大南路 20 号
邮政编码 250100
发行热线 (0531)88363008
经 销 新华书店
印 刷 济南乾丰云印刷科技有限公司
规 格 720 毫米×1000 毫米 1/16
11.25 印张 170 千字
版 次 2023 年 10 月第 1 版
印 次 2023 年 10 月第 1 次印刷
定 价 45.00 元

《诗说山大青年》编委会

主　编　翁祥栋　方　华

编委会成员　（以姓氏笔画为序）

马海波　朱云龙　刘　政　李　齐　南东周　贾彦楠

参编人员　（以姓氏笔画为序）

万钊廷　王亚楠　王昊秋　王禺涵　王瀚藤　牛　凝
文紫琳　叶文馨　白硕鑫　吕文筱　刘俊媛　刘翔翥
刘　影　许智超　孙玉丽　孙志东　严文昱　李炎净
李高硕　李雪萍　杨婷丹　闵令欣　张翌琼　张鹤兰
陈　思　陈　茜　陈敏睿　陈嘉旭　林诗琦　林婧璇
欧慧晶　尚文月　周俊龙　郎　曼　胡水莲　胡晓烨
柳好运　钟希岚　敖　宇　夏　天　徐少磊　徐树淼
殷启宁　殷琪蒙　黄一诺　黄　磊　盛　洁　寇雅婷
董书琦　蒋睿凝　韩彬琦　覃　面　舒也迅　蔡涵钰
裴　欣　樊　简　薄雨昕　戴艺琦

为了当下的纪念
（代序）

2021年，一个特别的年份。这一年，中国共产党迎来了百年华诞；这一年，山东大学迎来了一百二十岁生日；这一年，山东大学团委公众号平台“青春山大”的《山大有诗》栏目迎来了终章。百廿的岁月中，山东大学人才辈出、群英荟萃，光辉的事迹在这里传唱，尖端的创新在这里启航。流光溢彩的岁月长河中，山大从不缺榜样与展望，也从不缺长风与流响。那么，该如何为此刻的百廿山大献上最独特的礼物？

图画的色彩与线条绘不尽春夏秋冬的万千风景，摄影的镜头盛不下朝飞暮卷的点滴真情，而那些常规的文字又似乎太过平淡。最后，我们想到了诗歌。诗歌是最纯净的语言，足以承担起这份浓烈而又澄澈的情感。同时，我们也将视角投向了当下。凡是过往，皆为序章。当下，是无数历史的合集，也是崭新未来的铺垫，时光隧道里的这一点，承上启下，海纳百川。而在选材上，我们不求宏大，但求能够给读者带来最真实的情感共鸣。为此，编委会对每一篇文字、每一张图片都斟酌润色、精益求精，力求让所有篇章呈现出最好的模样。

当十二个月的诗篇终于完成之时，骄傲与感动充盈于胸，但此间更多的，是欣慰。百廿的岁月缓缓流淌，记录年轮的故事娓娓道来。《山大有诗》栏目呈现出了山大的当下，也由此梳理出了山大发展的脉络。先生们的身影化为雕塑，矗立在山大校园；学子们的奋斗铺成长歌，照耀光明前路。老师与学生，职工与后勤深情的讲述告诉我们：这，是一个有着学术理想和时代担当的山大，也是一个有着人文关怀和家国情怀的山大。

犹记今年5月，当我们在撰写《文史哲》创刊历史回顾的相关稿件时，习近平总书记给《文史哲》编辑部全体编辑人员回了信。当时的我们是雀跃的，也是激动的。习近平总书记在信中写道："增强做中国人的骨气和底气，让世界更好认识中国、了解中国，需要深入理解中华文明，从历史和现实、理论和实践相结合的角度深入阐释如何更好坚持中国道路、弘扬中国精神、凝聚中国力量。回答好这一重大课题，需要广大哲学社会科学工作者共同努力，在新的时代条件下推动中华优秀传统文化创造性转化、创新性发展。高品质的学术期刊就是要坚守初心、引领创新，展示高水平研究成果，支持优秀学术人才成长，促进中外学术交流。希望你们再接再厉，把刊物办得更好。"实际上，这不只是对《文史哲》的要求，也是对所有学术期刊的期许，更是对山东大学的勉励。今天的山大与时代偕行，与发展共振，始终秉持着"为天下储人才，为国家图富强"的办学宗旨，在各个领域屡创佳绩。今天的山大青年，正以崭新的面貌，在各自的人生道路上发光发热。

"未来属于青年，希望寄予青年。"习近平总书记在庆祝中国共产党成立一百周年大会上发出号召："新时代的中国青年要以实现中华民族伟大复兴为己任，增强做中国人的志气、骨气、底气，不负时代，不负韶华，不负党和人民的殷切期望！"而这，也是我们写作的初心。有些纪念是为了铭记，有些纪念是为了缅怀，而我们希望，《山大有诗》的这份纪念能够影响当下，为青年带去一点启发与感动。

"从这里再出发！"习近平总书记在"七一勋章"颁授仪式结束后用这句话勉励大家。终章不是结束，山大的故事仍在流淌，书写的笔只待新的手来接过。十二个月，是平凡的一年；一百二十年，是不平凡的岁月。感谢团中央、团省委、山东大学的有力支持，让我们能够定格下这条长路上的一些身影。追梦人，不只寻光，更为了长久的温暖；奋斗者，不只挥汗，更为了光明的未来。在此，我们也发出衷心的祝福：希望青年们都能珍惜机遇，追寻梦想，在中国共产党的光辉旗帜下，为实现中华民族伟大复兴的理想慨然以赴、挺身向前，共同绘制出更绚丽的时代画卷，为百廿山大增光添彩。

山东大学青年媒体中心

2021年8月

目录

第一章

石墨镌华，
且看递递迢迢

在当下，在远方

有这样一群人

步履坚定，只为抵达祖国最需要的地方

轻装简行，只想将知识与信念的火种远传

扎根基层，只求托起希望和梦想

为祖国扶贫事业贡献力量

他们不是别人，他们就是我们身边的山大人

公众号推文

3

2020 年 11 月 17 日，山东大学党委书记郭新立一行人来到河南省驻马店市确山县调研脱贫攻坚工作，看望身在一线的扶贫干部和支教学生。今天，我想和大家一同走进这群扶贫干部和支教学生的世界，听听他们的故事。

在当下，在远方（手绘插图）

田垄间的风

带着远方的梦

拂过这里的每一张书桌
每一条巷弄
见证着扶贫路上的匆匆步履
亲历着一次次辛劳与感动

它曾吹起书页
痴迷于孩子们的专注
它曾泪水盈盈
流连于乡亲们的真情

倾听
是它的使命
它记录下一个个奋斗的缩影
走过风雨
踏过泥泞
前进的脚步一刻未停

身虽为萤
信念长明
理想长膺
知识的种子种下了
总有一天会开花
会生出收获与欢喜
或许
那便是青春的意义

在坊间的课桌上
书声朗朗
理想滚烫
那专注的面庞

闪烁着知识的光芒

在乡间的小路旁
四季轮转
硕果璀璨
那肥沃的土壤
养育着最美的梦想

吹到当下
也吹到远方

筑梦·传承

“用一年不长的时间,做一件终生难忘的事”,这既是每一位支教团成员的初心,也是山东大学研究生支教团始终传承的责任与担当。2017 年,由李瑞、李露瑶和乔欣三人组成的山东大学第十九届研究生支教团河南分队首次来到确山支教扶贫,从此便开始了山大研究生支教团一年又一年的筑梦接力。四年间,确山县的面貌日新月异,但山大研究生支教团的初心与坚守始终未变。2020 年的初秋,山大第二十二届研究生支教团河南队队长白云峰同支教的伙伴们又一起踏上了新的筑梦之旅。

由于师资匮乏,第二十二届研究生支教团队员杨曼琳肩负起了老臧庄小学三到六年级总共四个年级的英语教学。“走在校园里,基本上全是我认识的学生。孩子们会争先恐后地和我打招呼,有的还把刚学的‘Good morning’和‘Good night’活学活用,特别天真可爱。”聊到这里,杨曼琳的脸上洋溢出满足且幸福的笑容。

回想起第一次见面,杨曼琳仍会被孩子们的热情所感动,“他们会跑到你面前,然后直接抱住你”。单纯的孩子们总会用最天真烂漫的方式毫无保留地表达对老师的喜爱。而作为孩子们的守护者,杨曼琳没有太宏大的愿望,她只是希望能肩负起支教老师的责任,“努力地、尽力地去教好他们”,为孩子们打开这扇门,让他们看看外面的世界。

杨曼琳在批改作业

支教团成员在支教地开展教学工作

在一届届支教团成员奋斗过的土地上，有着许许多多值得传承的精神，白云峰不断和往届的支教队员沟通交流，继续推进“从大山到山大”“梦想导师”等一系列活动，不断丰富学生的课余文化生活，鼓励孩子们勇敢追梦。空闲时间，他还会参与部分扶贫工作，在往届队长的指导下，继续和“五保户”家庭的孩子们进行对接。他说：“我个人的力量虽小，但我相信汇聚起一群人的力量便可一路前行。就像我们的研究生支教团，自 1999 年成立以来，始终坚守，如山岩般扎根在大山深处，从一届 4 个人到一届 20 多人，队伍越来越壮大。”

希望之声，传遍每个角落，落地生根，播种下光和热。“‘学无止境，气有浩然’，这是山大教给我的，也是我想要教给他们的。”

扶贫 · 使命

从巍巍学府去到扶贫一线，由一名高校教师变成基层的扶贫干部，这是山东大学驻确山县老臧庄社区驻村第一书记于德宁的选择。无论何时，他始终身体力行，践行国家的号召。

在这里，乡村故土是村民们最珍贵的财富，但因认识程度不一等诸多复杂情况使得他们对新鲜事物具有一定的排斥感，这给扶贫工作的开展带来了比较大的阻力。但于德宁却并不犯愁，在他看来，只有拿出成绩才能让人民满意，他一心强党建、促产业、抓文明，全心全意地投入扶贫工作。在两年多的时间里，老臧庄社区焕然一新，小学旧貌换新，运动场、文化园、老年活动中心拔地而起，村民的脸上洋溢着更加幸福的笑容。

“我就是老臧庄的一员！”在疫情严峻的紧要关头，于德宁选择和村民走在一起。大年初二，千家万户团圆之时，他因为担心封城无法返回工作岗位，毅然踏上去往河南的列车。凛冬正月的夜色下，一人、一车、一喇叭，他奔波在各家各户之间，落实防疫政策，落实防疫标准。面对困惑，他耐心解释，因为他知道，只有守住了每家灯火，才能换得一方平安。

老臧庄共有贫困户 52 户、111 人，于德宁早已把他们当作家人，牵挂着每家每户的生活。“你真情做工作，群众就会以真情回报你。”这是他工作最大的感受。寒暑两易，他用真心换来了群众的真情，也换来了老臧庄的气象一新。

“坚持学习，到基层去，有奉献心”，这既是于德宁的初心，也是他一直坚守奉行的准则。

基层扶贫干部在老臧庄开展工作

美育·润心

“扶贫要扶志，扶贫必扶智。”

作为文化扶贫团队中的一员，山东大学校团委教师朱云龙参与组织了山大志愿服务队。自2018年以来，他带领团队多次赴确山开展文化扶贫活动。从田间地头到大舞台，他们用一场场文艺汇演浇灌艺术的新苗，让多姿多彩的美育之花在大山深处绽放。

从《阿细欢歌》到《彝族舞曲》，从《战马奔腾》到《沂河欢歌》，用丰富多样的文艺演出激发人们对美好生活的向往和追求，这便是朱云龙坚持文化扶贫的初心。在确山，演出团把扶贫故事搬上了舞台，志愿者团队的真切深情和青春活力汇成心与心之间的力量，“润物细无声”，这场视听盛宴像春雨一般把砥砺奋进融入人们心中。

确山的老臧庄，是美名远扬的“小提琴之乡”，这是与艺术美妙的缘分。朱云龙忆起再赴确山时，不禁感慨当地的变化之大。“两年多的时间，当地农村企业有了很大的提升，产业也在转型升级。”在当地经济发展的过程中，老臧庄小学的环境也得到了改善，山东大学研究生支教团的成员们在这里教书育人，带着孩子们发现山外的世界，敲响艺术之门，让老臧庄小学成为他们梦开始的地方。

“有时候在演出现场，很多孩子都亲切地跟演出团队的成员说‘老师好’”，那些幸福的笑容成为温暖的勋章，永远被参演演员和志愿者们珍藏在心底。从大山到山大，从种子到萌芽。“希望山东大学能在你们心底播下一粒种子，收获一片森林”，这是朱云龙对确山县孩子们的殷切期盼。

山大师生在确山的演出现场

去远方书写新的人生，是他们坚定的选择
用青春播撒新的希望，是他们无悔的追求
他们的故事也鼓舞着每一个胸怀远大理想的山大人
一代人有一代人的长征，一代人有一代人的担当
在这场奉献的接力跑中，我们的脚步始终如一
在当下，在远方

山东大学研究生支教团与学生们

山东大学研究生支教团

启明星，夜里的太阳

漫漫长夜，他们披星戴月地出发
长夜尽时，他们神采奕奕地抵达
乘风破浪，寻觅心底的星光点点
也成了明星本身，照亮别人的梦
一路前行，我们是追梦人，是夜里的赶路人
逐梦路上，他们是启明星，是夜里的太阳
他们，正是山东大学 2020 年“榜样的力量”学生年度人物

众号推文

2020 年 12 月，山东大学 2020 年“榜样的力量”学生年度人物终审答辩分享会在中心校区举办。经评审，五个大类的“榜样的力量”年度学生人物被选出。我们往往会羡慕他们——不凡的气质、丰富的收获抑或是耀人的荣誉，可他们光鲜背后的汗水与努力却鲜为人知。这一次，我们采访到了这个群体里的部分同学，除了将目光放在其成功的光芒上，也进一步走近他们，同他们一起回顾来时路上的种种努力。

启明星，夜里的太阳（手绘插图）

在山大
汗水浇灌了成长
光阴种出了星星

照耀着
沂蒙山上的红旗
初心不忘

点亮着
彼得·沙法的灯
救死扶伤

擎一盏烛火照亮真理
科研中
有对自然的热爱与求索
有对生命的珍视与守护

执一纸诗心知音常在
艺术里
漫溯古典文学的河流
且听山大精神的流传

山河正气
是肩头担起的正义
是朱斯提提亚的天平与剑

总有一种力量
让我们热泪盈眶
总有一种人生

让我们心生向往
总有一种理想
筑梦于心,逐梦于行

未来
我们扬帆起航

思想引领——信念遇实践

“人人(那个)都说(哎),沂蒙山好,沂蒙(那个)山上(哎),好风光。”伴随着革命红歌《沂蒙山小调》的熟悉旋律,著名革命根据地沂蒙山的美好景致已在心中浮现,这里的人民在抗日战争和解放战争时期为中华人民共和国的建立作出重大贡献。历史文化学院的周昊作为一名地地道道的山东临沂人,深受家乡沂蒙精神的影响,就像所有沂蒙儿女一样,他从小就听长辈讲述家乡的红色故事,这种沂蒙精神早就刻在了周昊的骨子里。进入大学后,周昊发现身边的很多同学对山东的红色历史并不十分了解,于是,萌发了用自己的方式来讲述家乡红色故事的念头。但对于初入大学的他来说,何时迈出第一步,怎么迈出第一步还没有头绪。在一次学习党史的过程中,周昊突然想到创新红色基因的传承方式应该是个很好的切入点,于是他便与几个志同道合的同学一同研究沂蒙红嫂精神。在谭必勇老师的指导下,他和团队成员一起搜集历史档案,挖掘历史资料,搭建理论模型,并以此申请了国家级大学生创新创业训练计划科研立项,项目最终取得了较好的成绩。

沂蒙红嫂精神记忆馆搭建在山东大学历史文化学院,是一个约50平方米大小的展馆,馆中有着近100平方米的展板。很少有人知道,这个小小展馆的每一寸都浸润着周昊与团队成员的心血。原来,除了进行深入的理论研究,周昊和团队成员还共同搭建了这个沂蒙红嫂精神记忆馆。从场地测量到图纸绘制,从展架展板的搭建到场地设施的修缮,每一个环节周昊都没有缺席。没有学习过专业绘图的他们,就用“笨办法”,拿卷尺一点点测量,然后在纸上按照比例一点点标注出来。在这个过程中,他和团队成员会根据理论模型来调整展馆的设计,同时也会根据现实搭建展馆的体验来完善理论模型,理论与实践就这样有机地统一了起来。如今,该展馆已成为山东大学历史文化学院“三全育人”、学生党建的重要活动场所,受到了老师与同学的一致好评。

周昊正在参观沂蒙红嫂精神记忆馆

关于如何传承红色精神的课题活动虽已结束,但传承沂蒙红色精神的努力在周昊的身上并未停止。谈到未来的路,他动情地说道:“尽管还有半年就要毕业了,但我会继续坚守红色历史传承阵地,继续钻研传承红色基因的新路径。未来,我也会带着山大人的学无止境,带着‘历史人’的气有浩然,去往祖国的天南地北,去传播沂蒙精神,讲好沂蒙故事。”

学术科研——求知遇师恩

“其实物理是一门很有趣的学科。”“有趣”是空间科学与物理学院尹若彤形容物理这位老朋友时常用的词。除了在学业上体会生动的物理方法和思想之外,她在科研当中也把“兴趣”作为选择时重要的参考指标:“我一定要对这个项目感兴趣我才选择。”在大一、大二时对科研项目的尝试和探索,让她对应用物理方向感兴趣;而前两年专业知识的储备,则为她此后自己带队开展科研项目打好了学术上的基础。明艳的盛放，源于大胆的尝试和潜心的积淀。

尹若彤生活照

然而，科研之路并非全部坦途。“困难其实很多”，尹若彤坦言。她要阅读大量的英文文献，面临着英文基础和专业知识不足的双重挑战。“文献里的词，拆开每个词也许都认识，连在一起就真的很难了。”于是，她“多去读，多去查，反复练习”，与老师积极沟通交流，克服英文文献难关。在实际科研过程中，计算结果和设想不一致是常有之事，她通过查阅相关文献，分析自身实验的问题，不断优化调整实验方法和方案，推动研究不断深入，问题逐步得到解决。面对科研道路上的种种困难，她说：“我觉得是我自己的性格支撑着我走下去，我有一点要强，有一种‘相信自己，自己一定能做好’的信念。”

在需要耐得住寂寞并且辛勤付出的科研之路上，尹若彤十分感激老师对自己的指导，从每一篇论文的反复修改，到不分昼夜的线上讨论，老师都耐心地带着她一步一步去做。在此期间，她了解到了更多的科研方法和科研技巧，丰富了自己的学术知识，最终取得的成绩也没有辜负老师当初对她的信任。“正是他（吕英波老师）无微不至的关怀和帮助才成就了现在的我，我非常感谢老师们和同学们的帮助，在他们身上，我学到了很多知识和方法以及那种奋发图强、积极向上的科研精神。”她真诚地说。

尽管已经取得许多耀眼的成绩，尹若彤对未来依然有着更高的目标和理想，她希望争取去国外的大型实验室学习交流，丰富专业知识，提高专业技能，并继续发表高质量的论文。投身科研，终为报国。“我希望最后回来报效祖国。”坚定的话语背后，是她高度的民族责任感和始终不变的初心。

创新创业——志趣遇齐心

大学校园里，年龄与爱好总是被大家津津乐道，山东大学（威海）智能车团队起源于爱好，在 2015 年诞生。别看他才 6 岁，如今已经饱经历练，战绩辉煌。团队的负责人张所航说，这个项目最初就是“一群有想法的大学生想要一起‘做一些东西’，队伍一步一步发展壮大，后来还成立了智能车实验室”。

智能车团队主要负责人合影

“我认为这就是我理想的大学生活，跟一群有相同理想的人做有意义的事情。”因为志趣相投，团队的气氛十分融洽和谐。备赛时期，大家都生活在实验室里，通宵达旦地进行调试工作，队友们对彼此说：“你先去睡，我再调试一会儿。”但最终大家都没有睡。在他们的眼里，熬夜熬出来的不仅仅是时间，也有甘甜的蜜糖。

谈到自己的团队，张所航十分自豪。他的团队在成立的六年间，先后获得 14 项国家一等奖、14 项国家二等奖、省级奖项近 100 项。在 2020 年智能车全国总决赛中，智能车团队在 6 个竞赛组别中斩获 5 项国家一等奖、1 项国家二等奖，总成绩位列全国第一名，取得历史最好参赛成绩。

当然这个团队也不是无敌的，在科创过程中他们也遇到过各种各样的困难。在张所航和每一个队员看来，做好科创项目，最需要的是愿意学习的态度，加入科研团队最需要的技能是“解决问题的方法”，而不是具体的技能。“没有人可以提前做好所有的知识储备，遇到问题的时候愿意学习、愿意尝试去解决问题远比提前掌握相关知识重要得多。”

因为相同的梦想，进入同一个团队，又因为身在同一个团队，所以齐心协力、共克难关。对于他们而言，荣誉只是锦上添花，只有心中最朴实的兴趣和热爱，才是他们心中最初的光亮。如今，团队里的许多学子已经如愿取得了北京大学、清华大学等高校的保研资格，未来，在这个团队所汲取的一片光将陪伴他们走上下一程的路。

实践服务——原则遇温度

“希望‘山大法援’的名字可以在地方法治建设道路上留下足迹。”在谈到对于团队的期望时，山东大学学生法律援助中心的成员们如是说。

这是一个远大的目标，也是法援人为之奋斗努力的方向。虽然目标远大，但是他们一直脚踏实地，不断前行。从一开始的线下活动到“SDU 法律援助中心”公众号的建立，他们不断丰富活动方式；从校级奖项到站在人民大会堂领取“中彩金”项目贡献突出实施单位奖项，他们一直追求更大的舞台。疫情期间，他们在线上积极发挥自身优势，开展与疫情密切相关的普法宣传，让在特殊情况下需要法律援助的人得到温暖。

山东大学学生法律援助中心活动照

“原则”和“温度”，是法援工作中的两个关键词。为了保证每个求援者都能得到专业和严谨的法律援助，“山大法援”始终坚持首问负责制，由2～3名同学承办一个案件，非特殊情况，不得跨组转移案件，并且全程由法学院特聘实务老师进行审核指导。对于常规性的法律咨询，他们以现场解答为原则，若相对复杂，则会在内部成员进行法律检索、案例讨论后三天内给予回复。有代理代书可能性的，则严格按照组织流程有序进行。正是因为这样周密的工作方式，“山大法援”才能高质量完成各类法律援助工作，而周密严谨的原则之外，他们也兼顾工作的温度。他们始终践行“奉献、友爱、互动、进步”的志愿者精神，专注法律援助活动，不管是学生和健身房的纠纷还是为贫困职工挽回经济损失，他们所做的都是实打实地维护他人切身利益的工作。

“保持热情与真切，切实帮助社会弱势群体，为社会的公平正义和法治建设贡献自己的力量。”如他们所言，他们还将继续努力，为需要帮助的人点亮光。

校园文化——追求遇包容

“来到民族乐团，不光是为了演出，更多的是对艺术的追求。”在问到为什么来到民族乐团的时候，任晓天的这句话展现了整个乐团对音乐的热爱。

山东大学民族乐团活动照

团结和包容，是这个团队最大的亮点。乐团成员合作的过程，也是相互磨合的过程。在谈到乐团的排练日常时，乐团成员提到，为了更好的节目效果和艺术效果，每个人都克服困难，经历一次次改动，在课下付出大量的时间，提前将自己的声部练习完美；合排时，再相互协调，相互配合，融万声美妙于一曲中。一项项成就的背后，是他们日复一日的练习、磨合，从抄写声谱到声部长组织，每一个环节都注重细节，历经长达一个月的排练，才有了舞台上完美的呈现效果。“与其说我们乐团是一个集体，不如说是一个家庭，它不只教会我演奏，更教会我倾听、尊重和包容”，声部负责人真诚地说道。

在 2017 年的十周年建团音乐会上，已经毕业的成员为了声部的完整、音乐的效果，纷纷放下工作、抽出时间赶来支持，这齐聚一堂的感动和对音乐执着的热爱都在乐团成员心中种下团结的种子，见证着民族乐团强大的凝聚力。

尽管取得了许多成就，但民族乐团的未来远不止于此。“希望山大民族乐团越来越好，也愿民族音乐在大家的努力下可以推广到世界各地。”也许乐团的学子因为对音乐更高的追求与炙热的喜爱选择加入这个团体，而民族艺术的包容给了他们更广阔的舞台，未来，更多的掌声与认可将鼓励乐团越走越远。

我们都是山大里的追梦人
向着梦想，寤寐寻之
在学海无涯的航道里
所幸这些启明星
常照耀
引人常相随

在百廿山大的发展历程中
在强校兴国的使命召唤下
无数山大学子和校友在自己的专业和岗位上
奉献着光与热
成为一颗颗熠熠生辉的“启明星”

此时此刻
山大里榜样的事迹仍在传颂
榜样的故事仍在续写
星光熠熠汇聚成灿烂星系

未来
让我们驶向光明
到达彼岸

山大志愿红，靓眼青春色

爱如火焰 跃动在黑暗之中 照亮远方

爱如春风 轻拂过你我脸庞 留下希望

岁月沉淀 我们不曾忘记

志愿者的脚步 永不停息

一抹抹志愿红 共同组成一道青春靓丽的风景

点滴热心，汇聚为海；星星之火，亦可燎原。红衫件件，那是他们共同的标志；热情满满，“人人都是志愿者”的口号喊出责任与担当；步履匆匆，他们奔走服务的身影遍布大江南北。

众号推文

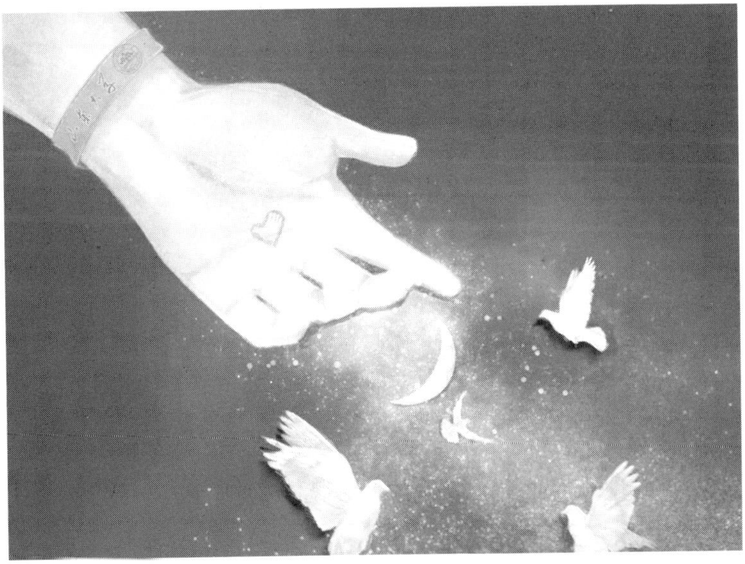

山大志愿红，靓眼青春色（手绘插图）

自 1994 年起，一批批山大青年投身志愿服务事业，时至今日，初心未改。在刚刚过去的 2020 年，我们共同面对了太多的挑战，但这些挑战却没有阻挡住志愿者服务的脚步，在社区、在街道、在校园，我们随处可见他们的身影；去驰援、去扶贫、去支教，他们的脚步愈发铿锵，近 4 万人次、80 余万个志愿时长，他们把青春和汗水倾洒。他们是志愿者，也是我们身边最亲爱的人。我们采访到了几位当代的山大志愿青年，就让我们通过故事走近他们，聆听他们给予这个世界的爱和温暖，传承山大志愿的精神力量。

你的歌声
可能没有回音
但是有人在听

在最深邃的夜幕里
你说
信念就像久燃不绝的蜡
你知道
燃烧的过程有多艰辛
但是也要为求知的孩子们
亮一亮远方

在最苍茫的大海上
你说
热情就像紧握手中的桨
你知道
航行的历程有多漫长
但是也要给迷茫的人们
指一指方向

乘长风至千里
不畏艰险
把专业和专注化作彩笔
书写出最美的画卷

送温暖进千家
何惧挑战
用坚韧和顽强凝结成汗水
浇灌出下一个春天

“奉献”二字
不只是说说而已
更是千千万万山大志愿者的
默默耕耘

万余小时的志愿时长
不只是一个数字
更是不计辛劳无惧困难的
大爱无私

不忘初心，传递真情
百廿山大，志愿先行

冬日长，爱未央——记尹霞

北风萧瑟、树叶凋零，而在弥漫着消毒水味道的科室病房内却有一道风风火火、忙忙碌碌的身影，她目不转睛地看着屏幕的信息，手持对讲机，语速微快、有条不紊地交代着一项又一项工作任务——这是山东大学齐鲁医院感染性疾病科护士长尹霞关于清涧县的冬天记忆。

转眼济南的冬天又到了，这使尹霞想起了清涧县的冬天，想起了那片白茫茫的高原雪地，想起了她在那里种下的几棵树和那里一张张亲切质朴的笑脸。她说：“我还特意给那几棵树做了记号，回头一定要去看看，一想到这些便觉得很美好很美好……”

2019 年 5 月，尹霞作为对口支援专家来到陕西省榆林市清涧县人民医院进行定点扶贫。为了更好地完成工作，她还主动申请将自己的扶贫期限延长了半年。

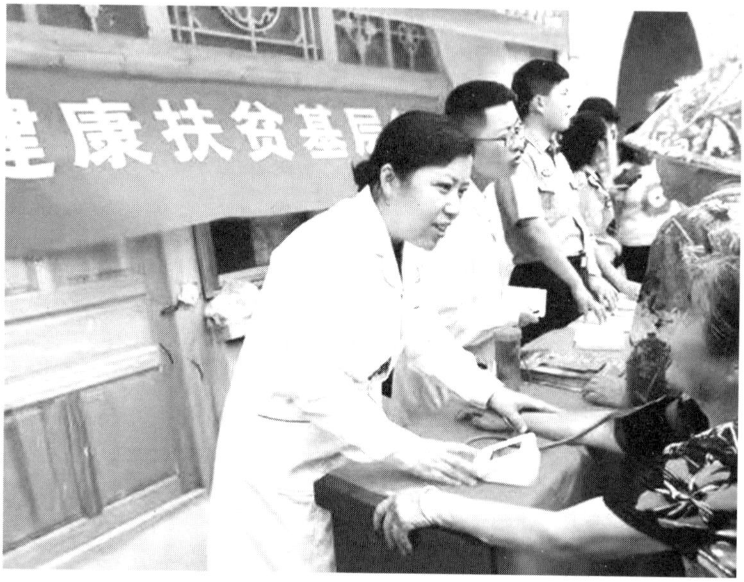

尹霞在清涧县人民医院开展定点扶贫工作

半年没回家，春节又碰上疫情，年还没过完尹霞便主动重回山东大学齐鲁医院感染性疾病科抗疫一线工作。为了减少传染的风险，医院开辟了新的隔离区域，在不到5天的时间内改造了发热门诊。在这期间，她亲自参与图纸的设计制作，跟着工程队施工作业忙碌到深夜，门朝哪开，桌子往哪摆，哪里是病人通道，哪里是员工通道，清洁区、潜在污染物区和污染区都严格按照“三区两通道”的要求合理规划布置。在接下来的日子里，她连续数日坚守在临床一线，先后义务为援鄂人员、临床兄弟科室进行防护用品穿脱培训，承担医技科室核酸采样培训工作，并多次作为志愿者为应检尽检人员进行核酸采样。

即使在医院里忙得不可开交，她也不忘关注扶贫单位——清涧县人民医院的动态消息，随时跟护理部的同事沟通，指导防护用品的使用、发热患者通道建设等工作。

转眼春又将至，尹霞时常慢慢回味那段温暖的岁月。尹霞，如同她的名字——绚烂的破晓云霞，在她身后有着冉冉旭日般光芒万丈的力量，让我们相信即便黑夜漫漫也终会迎来希望的曙光。

道虽险，心向阳——记刘洋

“‘青志协’对我来说相当于一扇门，透过这扇门，我接触到了不同的人，进而做了很多有意义的事。”来自山东大学机械工程学院的刘洋如是说。因为性格偏内向，刚入大学他就开始有意识地锻炼自己，在机缘巧合下加入了青年志愿者协会（简称“青志协”）这个大家庭，从此走上了志愿服务的道路。

刘洋与机械工程学院青志协团队

在青志协的这两年，于他而言，是极其宝贵的时光。在这里，他不仅工作能力得到了进一步提升，而且在实践的过程中萌生了一些新的思考与感悟。作为青志协的队长，他慢慢地开始以组织者的视角去审视志愿服务，去寻找解决办法，协调各方面的关系。他希望可以为学院的学生找到真正需要帮助的固定志愿服务基地，让大家在志愿服务中实现自我价值。

刘洋还记得大一暑假自己加入了山东大学生命彩虹支教团，并随队前往菏泽市牡丹区都司镇进行支教的事。而第二次去往菏泽支教时，他已从内向的“萌新”蜕变成贴心负责的“队长”了。他说：“我的任务是照顾好大家，接好传到我手上的这一棒。就像部队班长一样，这是我的兵，我得带好他们。”后来参加大学生志愿服务西部计划活动时，刘洋果断地选择了山西作为自己的支教服务地，并期望着自己在那里能真正沉下心来专注于教学。在他心中，不管在哪里支教，都一定要坚持自己的原则——“在其位，谋其政；任其职，尽其责”。

刘洋参与支教

从2015年初到菏泽、认识乡村、了解基层，到2019年重回基层、走进基层、深入基层，刘洋看着所在的乡村在一点点变化，一层层发展，一步步脱贫，作为一名志愿者，能见证祖国各地日新月异的变化，他感到无比自豪和幸运。

乘长风，破万浪——记“长风”志愿服务队

“热心奉献社会，弘扬崭新风气”是历史文化学院“长风”志愿服务队的服务宗旨。成立于2008年3月的“长风”志愿服务队已形成文理馆志愿服务、七里堡社区志愿服务、交通协管志愿服务等品牌服务项目，共计22支服务小队，累计志愿服务时长达4736小时。

山东大学历史文化学院“长风”志愿服务队

现“长风”志愿服务队队长郑晨雨回忆起建队的过程仍然非常激动：“在学雷锋纪念日的这一天，我们院一群青春激扬的学生们聚在一起，组建了这支温暖而坚定的队伍。当时的想法就是——我们应当发挥自己青年学子的社会作用，担当青年责任，为学院，为学校，为这个城市，甚至为社会做些什么。一个人的力量是有限的，所以我们组建队伍，聚在一起发光发热，更充分地发挥志愿者的奉献精神。我们希望发挥学院知古鉴今的学院特色，利用历史、考古、档案等专业优势，在时代大背景下推动优秀传统文化的继承与弘扬，留存城市记忆，协助城市文化氛围建设。”提到志愿服务，郑晨雨也有自己独特的见解：“志愿服务活动虽不是我们生活上的必需品，但却是我们精神上的必需品。我们应该明确志愿服务的概念，用志愿服务的精神内核吸引大家进行志愿服务活动，这样才能让大家真正喜欢上志愿服务活动。”

“‘长风破浪会有时，直挂云帆济沧海。’‘长风’有远风之意，就像这句诗里所表达的，我们希望在志愿服务这条路上能走得越来越远，而且永远充满生机；我们希望汇聚力量，通过爱与温柔，共济沧海，以小我成就大我。”

小我与大我 奉献与收获
他们用善良铸造新的希望
他们以关怀凝聚爱的力量
立德立言　书写着青春之我的时代担当
修身修行　成就着少年心底的志愿理想
那坚守岗位　传递爱心的一抹红色
成为百廿山大岁月中一道最美的风景
有一分热　发一分光
愿勇者前行　志愿无倦
愿精神常新　志愿无休

有你在时，那便是家

食堂里，热气腾腾的山大美食让人暖胃又暖心；宿舍里，干净整洁的环境让人惬意又舒心；校园里，风雨无阻的巡逻车让人踏实又安心……

你是否想过，每日温暖的“小确幸”背后，都有一群默默付出的人为我们遮风挡雨。当寒假到来，许多学生像候鸟一样各自飞回家乡，他们却仍然坚守在岗位上，用耐心与细心，用味觉和视觉的盛宴陪伴着留在学校的山大人。

“凡我在处，便是山大。有你在时，那便是家。”今天，就让我们来听听那些清晨和黄昏、汗水和笑容中温暖守护的故事。

众号推文

有你在时，那便是家(手绘插图)

碗筷叮咚

窗花新绽

一粥一饭

带来了家的温度

福字高挂
春联迎新
点点滴滴
渲染出年的色彩

又是一年山大春
那些温暖，那些年味
同以往一样亲切

穿过悠悠岁月
像星星
像月亮
像一束光
在看不见的角落
将我们的生活照亮

爱与坚守 暖胃暖心

有一种味道，让离校归乡的我们回味无穷，每每想起心头便充盈家的温暖；有一种味道，让毕业许久的学子念念不忘，每每提及舌尖便萦绕爱的香甜。多彩美食，百般滋味，餐厅的大厨师傅用心将简单的一日三餐变得精致可口；严格检疫，保证品质，食堂的叔叔阿姨为同学们守护餐桌上的健康。一校三地八校园的餐厅使山大不仅是有志学子们成长成才的摇篮，更成为美味的汇聚之所。

“爆竹声中一岁除，春风送暖入屠苏。”又到一年除夕夜，中心校区齐园餐厅的任文宁主任也越来越忙碌了，他不为别的，只为给留校的山大师生做好一顿团圆饭，和他们一起过个红红火火的幸福年。

除夕夜，食堂员工们在准备年夜饭

时光荏苒，细细算来，2021 年已经是任文宁在山大准备年夜饭的第十一个年头了，而 2021 年与往年有了些许不同。原来，餐厅往年除夕值班的只有两人，2021 年却增加到了十五人，其中所有负责主食的女员工都留在了学校，她们有家庭和孩子，除夕夜不回家过年，家人也会有些抱怨，但她们依旧选择坚守岗位，和其他留校员工一起全心投入到这次年夜饭的筹备中。

他说：“我们还专门留了两个厨师长给同学们炒菜。主食方面留的厨师也是水平最高的，基本上都是各个岗位的骨干。”看似普通的安排里藏着的是食堂员工们对山大师生最深的关心和惦念。实际上，为了让留校的师生们过得更有年味，各个校区都准备了拿手的“山大年夜饭”。饺子、汤圆、炖排骨、把子肉、炸鲜奶……美味在舌尖晕染开的同时，幸福也在心头漫开。

考虑到师生们即将返校，餐厅也在调整与更新。三层南厅将为同学们开设以素食为主的低卡低脂自助，三层吧台将会提供轻食便当并会加快教职工餐的菜品更新速度。另外，自助取餐机的点位增加了，便当也会增加一些风味菜品。“我们的工作就是为老师们、同学们服务的，如果服务不好，那不就等于我们的工作失职吗？”任文宁笑着说道。他欢迎师生们开学后来食堂品尝。

更新后的餐厅菜品

对于食堂的每位员工来说，广大师生们对于餐厅的包容与肯定就是他们最想要的回报。不管是同学们在公众号里的留言还是就餐时的“口头表扬”，都让食堂的员工们倍感欣慰。因为师生们对食堂一如既往的支持和鼓励，他们在提升服务上的干劲才能越来越足。

灯火如常，美味不减，一粥一饭，满是热爱与真诚。他们的坚守与尽职，为山大美食增添了一抹别样的精彩。

无微不至，默默守护

“同学们好，欢迎回家！”相信每一位山大学子都曾在宿舍楼门口与宿管阿姨叔叔们热情地打过招呼，也曾听过他们像父母一样的叮咛——“早回来”“别熬夜”，正是因为有他们的存在，宿舍变得更有家的温度。2021 年的寒假，学生公寓管理中心的老师们依旧在忙碌着为留校和即将返校的学子装点“第二个家”。

“公寓楼门口悬挂了中国结和灯笼，张贴了福字、春联，看起来就让人温暖。我们还为师生们准备了小礼品，如毛绒小牛玩具、福字等，并购买了巧克力、糖果、橘子、香蕉等，在年二十九召集一些留校学生参加茶话会。”学生公寓管理服务中心的张燕霞老师热情地分享道。今年因情况特殊，部分老师与同学无法回家过年，但公寓管理服务中心老师们无微不至的照顾却让他们体验到家的温暖与新年的喜悦。

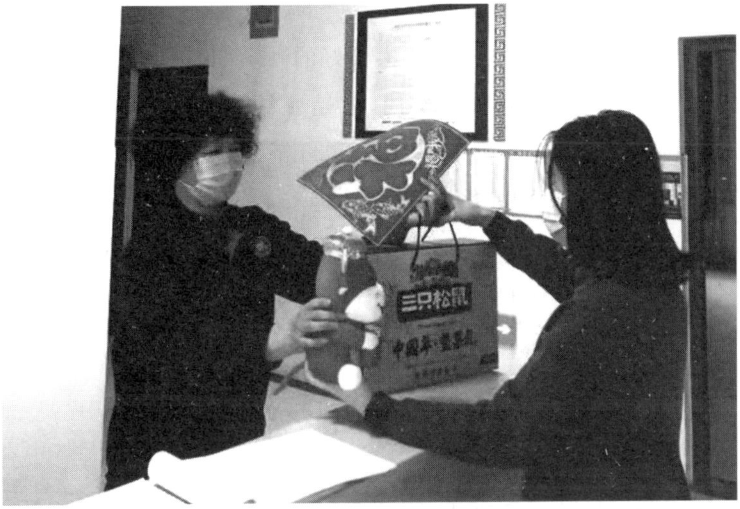

宿管为留校学生准备小礼品

宿管及时解决学生宿舍出现的问题

而在喜迎新春的喜悦过后，公寓中心的老师们又投入到了忙碌的开学准备中。“各楼宇的值班员和保洁员强化安全意识，规范服务行为。除必须的 24 小时值班制度外，各楼负责的老师每天不定时在楼内外巡视，密切关注开学前的各项准备工作。保洁员对楼宇公共环境卫生进行彻底检查，开窗通风，消杀人员每天定时进行公共区域的消杀工作。”张燕霞在岗时事无巨细，而这是每一个公寓管理服务中心人员的工作常态。相信细节的背后热情与认真的光芒定会照亮每个山大人美好的新学期。

“我们作为一线管理和服务部门，就是要尽最大努力，帮助同学们解决住宿方面遇到的问题。一个水龙头、一颗钉子、一个线路开关，每个小问题在我们心中都不小，只有解决了，我们才能安心。”话语朴素，情感绵长。在这些公寓管理服务中心人员的眼中，每解决一个问题，公寓中心都在创造新的价值，体现着更加纯粹的山大情怀。

尽职尽责，守护平安

从清晨到日暮，从严寒到酷暑，无论是工作日还是假期，执勤岗位上总有着这样一群人，他们穿着印有“山大安保”四字的荧光色工作服，坚守在各自岗位，守护校园安全。

正在校门口执勤的安保人员

“同学，请佩戴好口罩……”

“同学，别忘记在这儿扫码……”

“请正视摄像头，把手放这里测温……”

这些话语对于每一个山大学子都再熟悉不过，每当我们从校门口通过，耳边总会传来安保人员的亲切叮咛。他们有的不苟言笑、有的热情幽默，但却同样认真负责，时刻注视着校内外的一切。疫情防控的紧要关头，他们为同学们把好校门关。当夜幕降临，他们的工作仍未停止，各个校区里闪烁着红蓝灯光的巡逻车，24 小时都有人执勤的“校园 110”值班室只为让我们可以安然入睡。

活跃在校园各处的安全卫士

出现紧急情况或困难，他们总是第一时间上前帮助。在 2020 年春节假期里，校园的安全卫士们依然坚守在自己的岗位上。虽然日复一日做着同样的工作，他们却从不敷衍。在平凡的位置上，恪尽职守，勤勉为公，他们将平凡的事情变得不再平凡。像一棵棵大树一样为每一位山大学子遮风挡雨，呵护我们长成国家栋梁。

若说辛勤教导我们的老师是园丁，那么校园里的工作人员则更像是守园人，默默守护我们。你或许并不知道一校三地八校区有多少维持学校正常运转的工作人员，图书管理员、水电维修员、绿化管理员、校医、辅导员老师们……虽然无法说清他们的名字，但你一定能感受到他们的认真热情与细致入微。无论是在紧张的工作周，还是在稍稍空闲的休息日，哪里有需要，他们的身影就会出现在哪里。

就像歌里唱的，“凡我在处，便是山大。有你在时，那便是家”。每个山大人的记忆里也许都有一个这么温暖的“他”或“她”，也许是让你多吃一些的食堂叔叔，也许是为你缝补衣物的宿管阿姨，也许是帮助你找回丢失物件的保安大叔……这样的回忆，对于山大人来说都是宝贵的财富。许多人即使已经毕业，还是觉得这里的饭菜最香，这里的生活最安心、最舒适。而作为在校大学生的我们，往往忽视了这些后勤工作者，有时你的无心之举可能就破坏了他们的劳动成果。和谐的山大校园离不开师生，更离不开这些任劳任怨、勤勤恳恳的后勤工作者。尊重他们的劳动成果，用实际行动守护住这一道道靓丽的风景线，就是对他们最好的感谢。

因为有他们，家的温暖从未改变；因为有他们，山大永远让人怀念。天涯岁月长，眷恋梦中萦。假期即将结束，你是否已经迫不及待想要见到他们啦？其实校园的工作人员也是一样，都期待着你们安全回家。

那一抹鲜红，是儿时英雄梦的颜色

给予和奉献，是山大人恒久不变的底色，也是一代又一代山大人接续传递的精神火炬，熊熊燃烧，永不止息。山东大学在百廿征程中的发展建设，离不开社会各界的关怀与支持，山大人也在用自己的力量，以“无我”的情怀，奉献家国，回馈社会。他们走在学术前沿，躬耕不辍；他们驻扎基层，为国为民；他们奉献爱心，彰显情义。学术殿堂里、乡垄田野间甚至在造血干细胞捐赠的队伍里，在每一处有爱与温暖的地方，都有着山大人的身影。

今天，让我们走进山东大学造血干细胞捐赠者的生活，倾听他们的声音，感受一颗颗至纯至善的心灵。

众号推文

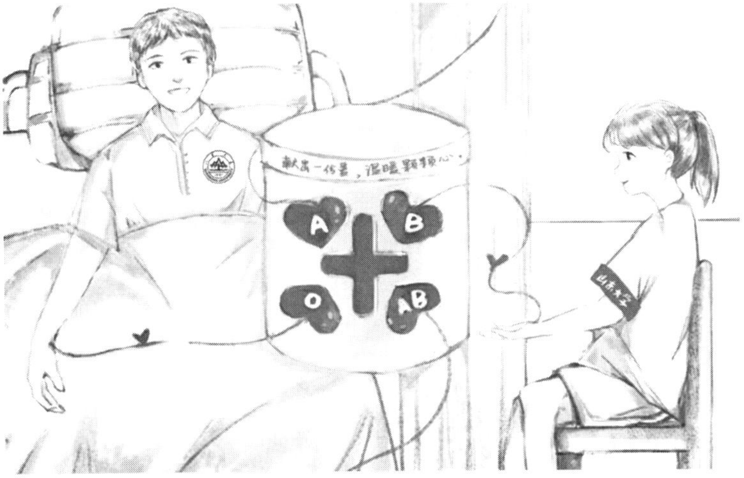

那一抹鲜红，是儿时英雄梦的颜色（手绘插图）

那一抹鲜红
是儿时英雄梦的颜色
是心中的信仰
是生命的流淌

涓涓细流
淌过艰难困苦和岁月山川
注入另一个身体
化作生生不息的力量

血脉传递，以爱续航
单薄的臂膀
托起生命的奇迹
拥抱希望，继续飞翔

义无反顾，勇往直前
手术台洒落光芒
重燃他人生命的火焰
你是勇敢天真的赤子

因为你懂得
浮生如蝼蚁
守望相助
才能实现世间美好理想

用给予和奉献
谱写爱的篇章
且歌且行 久久回响
你是人间最美的诗行

幸而有你
凝爱于心
化爱于行
人间大爱 永不止息

“这本来就是一件很平常的事情”

老舍先生在作品中写道：“上帝把夏天的艺术赐给瑞士，把春天的赐给西湖，秋和冬的全部赐给了济南。”11 月的济南和往年一样，天气温晴，如诗如画。

但对山东大学新闻传播学院的教职工郭坦来说，2018 年的 11 月有着更加独特的意义。在这段时间里，他成功捐献了造血干细胞，救助了一名血液病患者，成为济南市第 62 例造血干细胞捐献者。

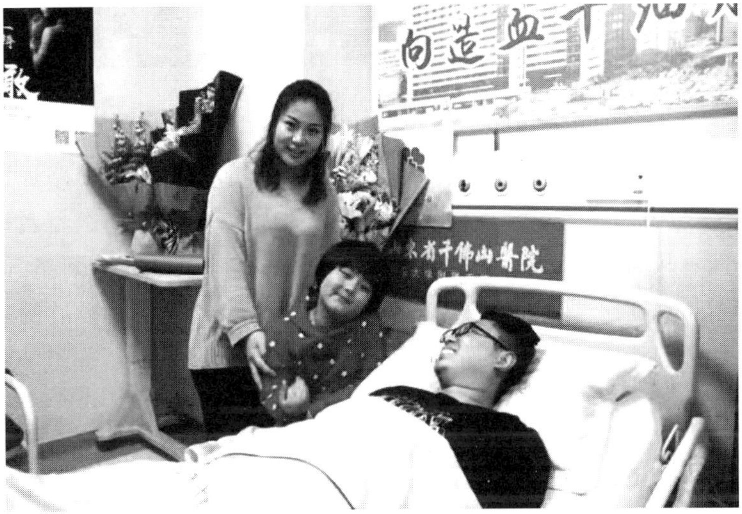

郭坦在医院休养

虽然时间一晃已过去两年多，但仍有朋友会不经意间提起这件事。“身边许多人都很关心我的健康，问我捐赠后身体有没有受到影响。但说实话，影响真的不大。捐献结束了，也就回归原本的生活了。”就像郭坦自己说的那样，一直想着这事反而是一种负担。他希望受到捐赠的人也一样，就当这件事没有发生过，积极地去拥抱新生活。

郭坦回忆时说道，捐献的时候也有焦虑，但妻子和父母的支持与鼓励给了他很大动力。手术结束后，儿子也来医院看望他。他表示，作为父亲，能够给孩子做一个好的榜样是一件非常自豪的事情。现在，小家伙也变得很有爱心，这让他感到非常欣慰。提到这里，郭坦幸福的笑声感染着在场的每个人。

郭坦参加募捐活动

从二十岁的青年时代到三十岁的而立之年，郭坦的公益之路远比我们想得更宽更广。在 2015 年，他参与并组织了“山东肆零军团”公益救援类民间车友队。从雨雪天的道路救援、关爱自闭症儿童，到赴西藏阿里、四川大凉山捐赠物资，“一群人，一辈子”，志同道合的人将这个关于爱心的故事书写得愈加精彩。值得一提的是，在武汉抗疫最为紧急的时候，郭坦和朋友们自发捐款购买物资寄往武汉。4 个小时，完成支援武汉的第一次募捐，募捐车友 77 位，共募集到资金 6000 余元。

郭坦组织、参加抗疫活动

"任何的给予都不是凭空而来的。为什么我会愿意给予？那是因为有人给了我，我才有东西能给别人。"所谓"给予"，本就是一个双向的奔赴。郭坦表示，每一个热血青年可能都有英雄梦，但不鼓励他们盲目地去做"英雄之举"，我们要保持清醒的头脑，然后再去做那些自己认为正确的事。

"因为捐献造血干细胞这件事，我得到了许多的赞美。但在我心里，这本来就是一件很平常的事情。当大家看待这件事就像看到地上的垃圾随手捡起那样自然，世界才是真的更好了。"这是郭坦所期待的，也是你我所期待的。

"如果有机会，我一定会再次捐献"

2021年3月9日上午，一位山大的青年来到了山东省千佛山医院。他换上病号服，调试心理状态，等待一场手术的到来。而正是这场手术，挽救了另一条宝贵的生命。这名青年就是山东大学药学院2020级硕士研究生曾庆恺，他也是山东省第951例、山东大学第14例、药学院第3例造血干细胞捐献者。

大一时，曾庆恺就通过"髓缘"项目加入中华骨髓库，成为一名光荣的造血干细胞捐献志愿者。"多一个人加入骨髓库，就多一份拯救生命的希望。"这是他的初衷。作为一名医科学子，他知道白血病造血干细胞配型成功概率仅有十万分之一，极低的概率让许多人失去了生的希望。因此，多一个人加入，配型成功概率就多一分，就可能多挽回一个生命。

从加入中华骨髓库成为一名志愿者，到初配成功后的体检、注射动员剂，再到最后采集，曾庆恺意志坚定，毫无怨言。在注射动员剂后，他出现了腰背酸痛等不适症状，他笑着调侃自己"年纪大了总会腰疼"。从体检到注射动员剂，曾庆恺并未将捐献的事情告诉父母。直到采集前夕，父母才通过新闻报道知晓此事。"作为药学专业学生，我知道捐献过程很安全，对身体没有什么伤害。但是父母爱子心切，难免会有所顾虑。"他不想麻烦身边人，更不想让父母担心。

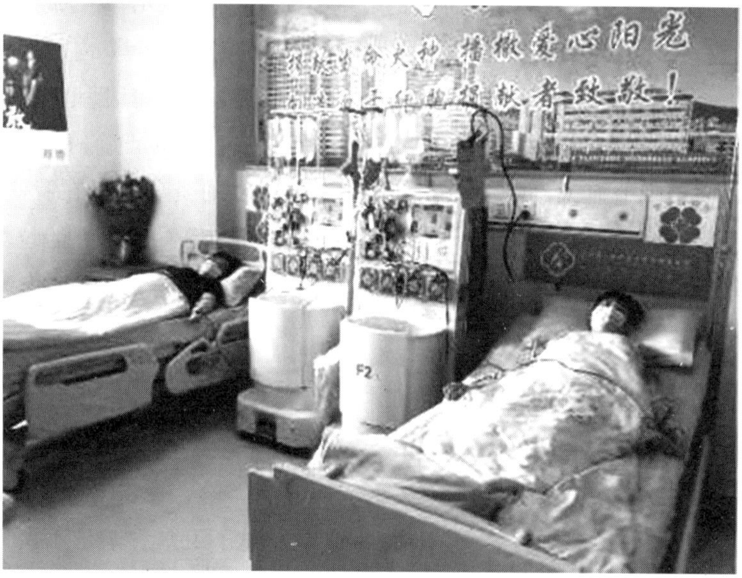

曾庆恺捐献造血干细胞

曾庆恺自大一入学以来，热心参与志愿服务活动，希望为社会尽绵薄之力，这是初心，也是坚守。从始至终，他一直认为捐献造血干细胞从不是撼天动地之事，只是在别人危难时，自己提供力所能及的帮助。能够挽救生命，改变他人命运，曾庆恺觉得无比幸运，也非常珍惜这次捐献机会。“如果有机会，我一定会再次捐献。”这一选择看似容易却尽显坚毅。

凝爱于心，化爱于行。曾庆恺用自己的实际行动传递真情，展现着山大学子的大爱精神。我们虽然生来平凡，但也能成为拯救他人的英雄。不要小瞧一个普通人的努力，它也可以改变许多事情。

“做个暖暖的人”

“从你身上，我看到了青年一代的闪光点，我们祖国有你们这一代青年，复兴指日可待！”接受捐赠的边防军人写给王子铭的感谢信上如是说。

18 岁的王子铭，刚达到入库年龄，便加入了中华骨髓库。2020 年 10 月，接到配型成功的电话后，他坦言，当时的心情还是比较复杂的：当多年的愿望有一天变成现实，他先是有些意外，欣喜和激动之后，他又想到此时此刻世界上有一个人正在经历病痛的折磨，就有些难过和慨叹。“犹豫倒是没有，因为我一直在做着有一天配型成功需要自己捐献的心理准备”，他觉得，如果他人因为自己获得新生，是一件值得骄傲的事。

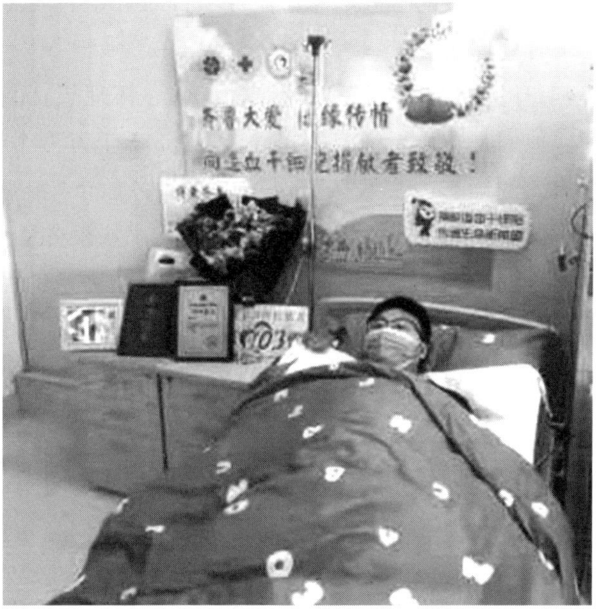

王子铭在医院休养

随后，王子铭查阅相关流程，发现捐献并不像想象中那样简单，很多未知的变量都有可能导致捐献的失败。走程序所需要的漫长时间让他有些焦虑，但这也坚定了他的信念。捐献成功后，他觉得一切的等待都是值得的，自己不光救了一对父母的儿子、一个孩子的父亲、一个妻子的丈夫，更救了一个国家的战士。王子铭说：“相比于我做的这件小事，我们更应该向这位边防军人表达敬意，感谢他多年无畏无私的坚守和奉献。”

在山大的学习生活中，王子铭也常参加与生命和健康有关的公益活动，定期献血，还会给身边的人普及相关知识并鼓励大家踊跃参加相关活动。“公家设立学堂，是为天下储人材，非为诸生谋进取；诸生来堂肄业，是为国家图富强，非为一己利身家”，这句话对他影响很大。一个人无论成绩好坏，成就高低，都应该有点理想主义，心中有情怀，胸中有家国。

以心换心，以情换情。正如王子铭微信签名中所说“做个暖暖的人”，一边细心感受着生活中的种种美好，一边用自己的努力，为这个世界创造着更多的美好。

截至2021年，山东大学已有14人成功捐献造血干细胞。同时，在山东大学药学院团委长期开展的“髓缘”志愿服务项目的引导下，累计有400余名志愿者加入中华骨髓库。

热爱公益，躬身实践，为社会发展奉献力量；心怀理想，无私奉献，脚步所及皆是美好。他们是造血干细胞的捐赠者，亦是千千万万个怀赤子之心、知行合一的山大人的缩影。实践队伍对接山东省各地市“希望小屋”项目，同心筑梦，助力贫困儿童成长；“青鸟计划”吸引人才扎根齐鲁大地，服务山东、凝聚智慧、促进发展；各支教团跨越山水，用青春的力量助力祖国教育事业……

从创新前沿阵地到边陲落后小镇，从沿海到内陆深山，在世界的角角落落，山大人步履不停、奉献不止。“上善若水，水善利万物而不争。”在山大精神的陶养下，山大人点点滴滴的善行终将汇成溪流，跨越千山，奔向未来，永不止息。

学习总书记回信精神，延续热爱与传承

2021 年 5 月 9 日，习近平总书记给《文史哲》编辑部全体编辑人员回信，对办好哲学社会科学期刊提出殷切期望。

百廿山大　文史见长
守正创新　薪火相传

山大建校已近百廿
一辈辈山大人
栉风沐雨走过岁月沧桑
他们的名字镌刻进校史
成为学校的名片
他们的身影仍屹立在校园里
供后辈青年瞻仰
他们的文字在岁月流转中熠熠生辉
焕发着新时代的光芒
他们用融进骨血里的热爱与传承
为增强国人的骨气和底气
为讲好中国的故事和精神
贡献着源源不断的力量

行走在校园内
我们或许不曾想过
一座座塑像的肩头
曾经扛起过“文史见长”这面不朽的旗帜

众号推文

山东大学一百二十周年校庆即将到来之际
让我们心怀总书记的殷切期望
领略百廿山大的文史之路
展望属于我们的光辉前路

学习总书记回信精神，延续热爱与传承（手绘插图）

《文史哲》翻开第一页
厚重的历史在轻盈的风里
沙沙作响
留声机上的时光倒带
百廿岁月里的名篇佳句
和着千年前编钟玉磬
回响在齐鲁大地上

知新楼钟摆上的一个点
时而停留在公教楼前的长椅上
和闻一多、臧克家二位先生同坐
时而轻抚冯陆像的肩头
时而驻足在“八马同槽”群像的脚边

时而
又投身于百廿的璀璨长河里
细数每一块卵石
波光粼粼中
映出了无数星光月影

星光和荆棘铺成了脚印
先辈的足迹在前方指引
一代代青年大胆地迈出了
传递火种的第一步

“文史见长”不是标签
而是《中国文学简史》的每一道墨痕
是那句万人齐唱的
“你可知 Macau，不是我真姓”
是关于农民战争史的每一场讨论
也是实现“文史复兴”的目标和动力

“文史见长，学科齐全”
一百二十岁的山大
可以骄傲地介绍自己的
昨天、今天和明天

在一百二十年的不断融合、奋进和发展中，山东大学形成了“学科齐全，文史见长”的优势和特色。特别是经过20世纪30年代和50年代在青岛办学时期的发展，山东大学奠定了“文史见长”的学术特色，出现了一批闻名中外的人文学者。这些文史大家的名字，直至今日仍被铭记，走在校园里，我们总会忍不住驻足在他们的塑像下，瞻仰他们的风采。就让我们静立在校园里的塑像旁，走近山大漫漫岁月中的文史名家。

“八马同槽” 一刊烜赫

他们拿着一本《文史哲》。

山东大学《文史哲》杂志创办于1951年5月，是新中国成立后创刊的首家高校文科学报，也是我国目前刊龄最长的综合性人文社科学术期刊。在芬馥的桂花园，他们翻阅着这本老牌学报，翻看着这七十年来的岁月变化。书页翻动，时光流转，八马齐驱，拉动山大学科发展奔驰向前。

“八马同槽”塑像

那年，《文史哲》创刊仅两个月，“八马”[①]之一童书业发表《中国封建制的开端及其特征》，提出中国封建社会始于西周的观点，对“战国封建论”“魏晋封建论”等提出挑战，拉开了讨论的序幕。两个月后，赵俪生的《武训当时鲁西北人民的大起义》，又奏响了一场关于农民战争史的讨论的前奏。创刊不足半年，史学界“五朵金花”中的“两朵”率先盛开在山大《文史哲》。

① “八马”指山东大学历史系“八大教授”，分别为杨向奎、童书业、黄云眉、王仲荦、赵俪生、张维华、郑鹤生、陈同燮。

“八马同槽”塑像细节

1954年,《文史哲》主编、又一“马”杨向奎在第4卷第4期发表了山东大学中文系1953年毕业生李希凡、蓝翎的文章《关于“红楼梦”研究简论及其他》,“《红楼梦》大讨论”名噪一时……

停刊、复刊,新的问题涌现,新的讨论聚焦。“八马”也成了一个符号,成了一个时代的象征。那段青葱岁月里,骏马成群,不断狂奔;山大学术,不停向前。

“学术为本,质量立刊”,如今《文史哲》也始终坚守着挖掘潜在热点、引领学术潮流的办刊旨趣,走过70载春秋。放眼当下,聚焦“双一流”建设,构建学科发展新格局;文史哲见长的百廿山大,开始了聚焦高质量发展和融合发展的学科融合创新的征程。新时期历史学科发展的答卷,如今以作业本的形式交到了八位历史名家的手中,希望他们能感到满意和欣慰。

他们在山大历史上留下的坚实基础与优良学风,也激励着山大师生在学术之路上、在学科改革之路上,向一个个新目标迈进。

先生之风 山高水长

“他时常围着一条围巾。”

这条围巾倾听了他的最后一次演讲，随他出席《民主周刊》社的记者招待会，与他一同战斗到生命的最后时刻。

闻一多塑像局部

闻一多(左)与臧克家(右)塑像

热心觅古道，冷眼写世情。海外漂泊中，闻一多曾与太阳对话，思索自己之于祖国，正如同太阳之于宇宙。家乡—太阳—家乡，莫不如将太阳视作祖国，以表思念，《太阳吟》由此诞生。先生执笔，泼墨书写《七子之歌》，那“母亲！我要回来，母亲！”的声声呼唤仿佛在耳畔回响，道出七子的哀怅。当深沉浓厚的爱被暴雨淋透，心中却有清风长存，燃起激情，《死水》将世间万般丑恶点透，却也勾勒出日月换新天的希望……

塑像勾勒出围巾的轮廓，闻一多先生的围巾究竟是什么颜色的？有人说是灰色的，在黑暗中追寻光明；有人说是洁白的，纯粹而不失高洁；我们愿相信它是红色的，赤诚之心从未曾消减，用血肉之躯筑起保卫祖国的长城！

一首《杂感》，闻一多与臧克家的师生之缘因此而起；一次慧眼识才，开启了臧克家现实主义新诗的征程。

面对千疮百孔的旧社会，臧克家以笔为枪，以文字为子弹，为贫苦人民的不幸生活发声，为中华民族而书。在短诗《老马》里，臧克家用简短的文字，将有深度的思想、浓厚的情感与诗韵律的美感融会一身。新中国成立后，他便将忧国忧民的满腔激情转化为对社会主义事业的热爱，唱响爱国主义的伟大诗篇。

时光荏苒，他们与真理相伴，以诗歌为传，风骨长存。

伉俪治学 相守相伴

他们并肩而立，脸上是青春的面容，背后是盛放的春天。

数十载携手并进，一对学术伉俪开启了山东大学中国古典文学研究的崭新篇章，他们是冯沅君和陆侃如两位教授。岁月的风霜静静地沉淀在他们的嘴角，无声地诉说着那段相守相伴的记忆。

身为人师，他们坚持言传身教。年逾花甲的冯沅君永远以认真的态度品析着文字，用饱满的情感解读经典，她的课堂总是生动有趣又耐人寻味。为了让同学们对古文的理解更加透彻，陆侃如表示学生可以随时到他的家中询问难题——“我年纪大了，睡觉少，夜里十一二点也不睡，找我也不晚。”

冯沅君、陆侃如夫妇塑像

在教学工作之余，两位教授投身于学术研究。在山东大学任教期间，他们合编了《中国文学史简编》与《中国文学简史》。他们以严谨踏实、实事求是的治学态度，成为无数山大学子心中的楷模。

两位先生在临终前立下遗嘱，将藏书两万余册与数十年的积蓄全部捐赠给山东大学。他们留下了一笔知识财富，更为后人留下了无价的精神食粮。二十余年的鞠躬尽瘁苍老了他们的容颜，却无法熄灭他们心中教书育人、治学研究的火焰。相信山大青年将秉承他们的精神，不忘先辈风骨，踏上新的征途。

2020 年 11 月 3 日，新文科建设工作会议在山东大学召开。在新征程上，山大充分发挥“文史见长”的历史优势，深入挖掘齐鲁大地传统文化底蕴，在新时期把握新机遇，引领全国新文科建设，牵头制定了全国新文科建设的指南，儒学研究确立起古文、古史、古哲、古籍的山大优势。山大现已建设成为学科齐全、学术实力雄厚的综合性大学，形成了结构完整、实力雄厚、独具特色的人才培养体系。

2021 年的山东大学拥有一级学科国家重点学科 2 个、二级学科国家重点学科 14 个、二级学科国家重点培育学科 3 个、省级重点学科 70 个，覆盖文、理、工、医四大学科领域，五大一流学科群持续进步，真正实现了各学科的协调发展，正以崭新的面貌，迎接自己的一百二十岁生日。

走在建党百年、建校百廿的关键节点
我等山大青年
应不忘初心、砥砺前行
更应牢记总书记嘱托

在新的时代条件下
推动中华优秀传统文化创造性转化、创新性发展
坚持中国道路
讲好中国故事
相信在不久的将来
山东大学文史见长的书册上
定会有山大青年浓墨重彩的一笔！

在山大，与有趣的课程相遇

在山大，与有趣的课程相遇（手绘插图）

公众号推文

一校三地
山魂海韵
百廿山大
人才辈出

冯陆高萧领军文学研究
“八马同槽”留下史学辉煌
历史的车轮滚滚向前
为国育贤初心不变

迈进新时代
文、理、医、工，全面发展
“创新”为导，“融合”为核
追求卓越，强校兴国

在这里
知识恣意生长
思想自由碰撞
一流师资
勤勤恳恳教书育人
优秀人才
孜孜不倦寻求真理

在岁月的风雨中
一代又一代的山大人
在这里生根发芽
在这里成长成才
他们追求卓越，只争朝夕
他们勇担使命，前赴后继
满载知识，为国效力

扎根齐鲁，顺应时代
承山大精神，养浩然正气
建设战略新兴交叉学科
重构教学科研组织体系
搭建一流平台，产出一流成果
山大拾一路春华秋实
迈向新的征程

近年来，山大的学科建设不断向前推进。各具特色的人才培养目标与课程设置既体现了学校办学传统的内在追求，也蕴含着时代发展的必然要求。截至 2021 年，山大已经有 13 个战略新兴本科专业，本科招生专业数量从 120 个优化为 92 个，58 个专业获批国家级一流本科专业建设点。研究生学科现代化建设亦取得显著成果，形成了金融数学、生殖医学、密码学等一批世界顶级学科，持续推动传统学科和学位点赋能改造，推进研究领域和研究方向的现代化。

当然，在学科门类齐全、包罗万象的山东大学，除了走在学术前沿的专业课堂，还有许许多多有趣新颖的“神仙课程”带你探索书本外的世界。

在趣味生物学实验课里，老师会以简单易懂的形式传授生物学知识，引导同学们在实践中领悟严谨求思、探索求实的科学精神。每当师生一起漫步在山大美丽的校园里，老师幽默的话语、深入浅出的讲解总能给课堂带来不少的欢乐。各有特点的花草树木让人大开眼界，由此展开的校史故事也让同学们受益匪浅。

趣味生物学实验课的教具

“这门课真的是一门宝藏课！在传统文化体验基地，从做碑拓到练书法，从编中国结到剪窗花，从文化展示到成人礼……每一节课程都美好而深刻。”中华文化体验与传播课带你感受中华优秀传统文化的魅力。中华文化体验馆设置了16个体验教学区和100余个体验教学点，内容包括孔子与中华传统思想、书法绘画、建筑艺术、民俗文化等，涉及中国人的生活日用、行为方式和思维模式等不同层面。课上，茶艺、篆刻、剪纸、拓印等文化活动带同学们近距离感受古人的文艺生活；中国传统的“五音”、礼仪、书法等传统文化知识联结古今，让同学们在学习中品味文化精粹。

中华文化体验与传播课一瞥

一窗之间领略祖国山河，妙语连珠感受艺术魅力，这就是摄影艺术概论的课堂。“老师课堂上讲的摄影技巧非常实用，比如拍摄动景时应该学会预判、提前熟悉将要拍摄的事物。除此之外，老师还会给我们讲述照片背后的故事，启发我们从不同的角度发现美、创造美。”在老师细致而又生动的讲解中，摄影不再是一项高深莫测的技术，人人都可以是能够发现世间烟火气、捕捉美好瞬间的魔术师。同学们能够在课程中学会观察、学会体悟，提高自身的审美与鉴赏能力。

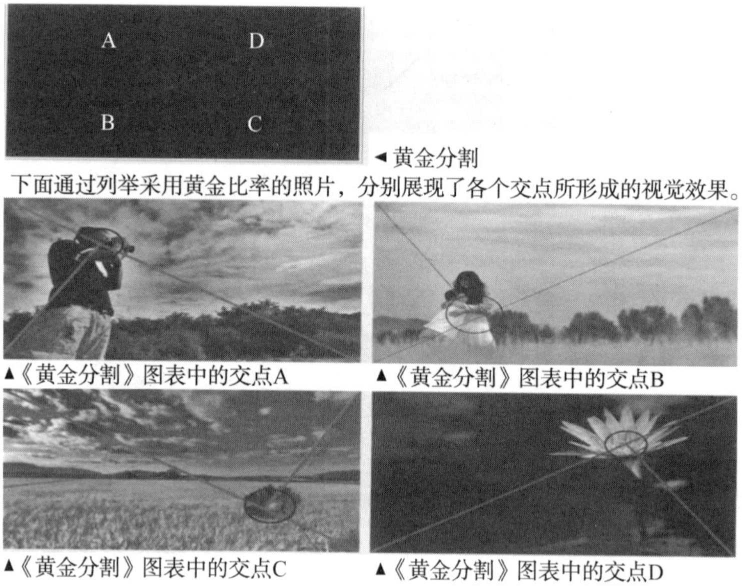

摄影艺术概论课件

除了趣味课程，山大各式各样的微专业同样令人心动。外国语学院、国际教育学院等10个学院共计开设17个微专业，涉及文、理、医、工各个方面，大大拓展了学生们的学科视野，满足了同学们多领域发展的需要。国际组织与跨文化交流微专业就是其中之一。这门微专业涵盖了丰富的内容，带来绝妙的课堂体验。选修这一微专业的同学表示，课堂上外事礼仪和谈判技巧带领他们领略交流的艺术与美感，而研学旅行中的实践学习让他们对“一切从实际出发”的道理有了更深的理解。无论是山东大学首届模拟APEC大会，还是世界大学气候变化论坛，对于每一位同学而言，这些精彩的活动都是学习和成长的过程。想必未来的他们也能将所学用于实践，在世界舞台上讲好中国故事，发出中国声音。

微专业活动照

现代化学科体系是学校高质量发展的保障，山大大力推动学科交叉融合，打造“数据科学”新优势。2021 年，山东大学新设立密码科学与技术专业。现代生活处处都离不开密码，小到同学们在食堂用餐、交学费的日常琐事，大到国家保密信息传递、金融风险规避。我校王小云教授多年来致力于密码研究，在密码学领域作出开创性贡献，成为 2019 年未来科学大奖

“数学与计算机科学奖”首位女性得主。全国首批的山东大学密码科学与技术专业建立在密码学研究的基础上，也倍受期待。相信假以时日，一批新的密码学专家将从山大走出，不断为国家作出基础性、战略性、创新性的重要贡献。

山东大学密码技术与信息安全教育部重点实验室

每一门新兴学科的诞生，都凝聚着众多专家学者的伟力；每一堂优质“神仙”课的背后，都倾注着优秀教师团队的心血。一代又一代山大人形成了孜孜求索、崇实求新的学风，百年以来，经久不息。严谨踏实、专注敬业的精神品格已深深融入山东大学的办学理念，一路上继往开来，为新兴专业和优质课程的诞生奠定了文化根基。

未来的山大，将继续创新融合，开设前沿新兴学科，吸引更多优秀的人才；推动“神仙”课堂、优质课堂创新性发展，带领同学们去发掘更多“宝藏”。山东大学将继续发扬科学精神与脚踏实地的学风作风，在更多的科学领域中占领学术高地，秉持浩然之气，开辟更广阔的天地。

第二章

光影流淌，共赏朝朝暮暮

我们替你，
记录你或许不曾注意的山大一隅

草长莺飞，蝉鸣声声，月落乌啼，纤枝负雪。山大之景，四时不同，然乐亦无穷。总有一个角落曾让你驻足回望，也总有一隅风景惊艳少年的时光。或是行走于校园时匆匆一瞥，或是无意间的驻足凝视，便能捕捉一个令人难忘的心动时刻，记录在相机里，也镌刻在心间。

山大一隅，带给你片刻惊喜，予你难忘记忆。百廿校庆前夕，让我们重温山大校园里你或许未曾注意过的一隅风景。

我们替你，记录你或许不曾注意的山大一隅（手绘插图）

湖心映月，檐上落花

未扫的小径，斑驳的树影

回忆与现实在交织

我看过
这里的每一处风景

日往月来，窗间过马
清晨的跑道，深夜的食堂
无数的故事在上演
我记下
遇见的每一张面孔

春天读过的书
如今再翻阅
扉页缱绻着白玉兰的气息
字里行间是叽喳的鸟鸣

夏日里走过绿树荫浓的长廊
百廿来
无数山大学子
都曾驻足此地
谈今论古，求学问教

秋风起时
谁又拾起一片缤纷的色彩
猫咪扑落叶
雁过惹涟漪

冬季悄然至
踏过枯枝寻暖意
飞雪穿帘栊
报与花期信

又是一年四季流转
岁月连绵，迢迢长路
一次又一次奔赴
只为不错过
山大的年年岁岁
朝朝暮暮

一隅风景，一寸光阴
愿将每个角落，每处景致
封存在相机
经年之后再想起
我曾在山大，爱上了这里

墙角的玫瑰

墙角的玫瑰
孤绝而傲骨
盛开出热烈的殷红色

山东大学景色

透过树影落下的片片光雨
是精致而婉约的诗篇
寝室南面的日色
掺着生活的烟火
每当抬眸与世间相遇
眼里尽是明澈与希冀

山东大学景色

温一壶名为暮色的酒

飞机拖着长长尾巴

掠过知新楼外淡彩色的云

今天的故事已然结束

期待着明天未知的惊喜

山东大学景色

光是伟大的构图家
影在我眼前作画
明与暗的尽头
是怎样的奇妙世界
回忆起
上课路上的每一次奔走
我们是否和无数前辈先贤一样
在走廊尽头和光影相遇

山东大学景色

高扬的飞檐浸润着百廿风霜
一砖一瓦见证着历史的回响
风雨不动安如山
高大的身躯屹立在这里
拥抱过多少次晨曦与霞光

山东大学景色

流翠染，晨露沾

清新之中一点斑斓

缓缓地向上攀

山大青年的人生

不也应该这样慢慢地往上走吗？

山东大学的猫咪们

最惹人爱的

无非慵懒而不失灵巧的一团团

什么时候能和你们一样闲适安然

只享受阳光漫散

随心所欲，忘却忧烦

山东大学景色

斑驳的老墙还在诉说着过往

新生与旧事之间

催生着奇妙的化学反应

山东大学景色

印象里严肃的警示标

却可爱如儿时的风车

当施工的围墙卸去
熟悉的校园会迎来怎样的蜕变

认真阅读的山大学子

山东大学学生

图书馆书籍

浩瀚的书海让人恣意地遨游
眼睛追逐文字
寻觅心的归处
山大青年
愿你能在书中找到人生的答案

山东大学学生

仿佛回到儿时的傍晚
一根细绳，放飞孩子的期盼
悠悠的风筝，辽阔的蓝
和风一起奔跑，无忧无虑地大笑

山大夜晚的食堂

结束了疲惫的一天
去食堂要碗热乎乎的面
我与一切烦恼都和解啦

自助贩卖机购物

最简单的快乐莫过于
支付的商品顺利掉落
爱吃的零食从不缺货

山大青年在学习

山大青年在学习

哪怕踽踽独行，也从不孤寂
山高路遥，你我是最陌生的知己
人类的悲欢在这一刻相通
年轻的梦想在无言中启航

镜头方寸之间，不经意的角落，视线停留升格。山大一隅的美，是满怀的希冀，顿感万物可期。熟悉又陌生的点点滴滴，刻下了属于我们的痕迹。这里有蝉鸣，有晚风，还有数不尽的远方和清梦。这里有秘密，有悲喜，还有永不褪色的青春记忆。

万千微光，多少风景在这里藏匿
百廿芳华，多少故事在这里落笔
太多欢笑被撒落在每一条小道
太多情感被定格在这一片天地
即将远行的人啊
请将你的梦想拾起
无畏前路道阻且跻
奔赴下一程欢喜

百廿山大，他们曾来过

阳光寥窣，草木掩映，山大的校园中，屹立着许许多多的塑像，刻录下时光的片段。“八马同槽”“冯陆高萧”……是一代代山大人创造了百廿校史中的辉煌。如今的山东大学，已然成为文、理、工、医各学科门类齐全的综合性大学。今天的百花齐放，离不开他们昔日的辛勤劳动。感谢他们曾将自己的一生献给了山大，铸成了这百廿光阴中最美的风景。今天，让我们走近校园里的塑像，追忆那些不朽的岁月。

百廿山大，他们曾来过(手绘插图)

刀与石的艺术
留住了多少载青葱岁月
记录了多少帧青春容颜

且不谈收获

但歌向草木
他们的苦心孤诣
只为点亮文学的炬火

演算本上的公式
追求的是真理
探索的是未来
力透纸背的一字一句
也解出拳拳爱国心

一笔、一尺、一规
绘出的是
细致与严谨
更是
大国的磅礴与担当

还记得
南丁格尔的灯
李时珍的药簿子
白衣天使
从不止挽救生命
你可听见
爱与和平的呼唤

当我们看向他们
他们也看向我们
饱含着关怀
也诉说着祝福

却顾所来径
我看见
苍苍横翠微

千载“文”心

闻一多塑像（中心校区）

目不窥园，足不下楼
兀兀穷年，钻研学术
慧眼识才，育国之栋梁
碧血丹心，铸民族之魂
先生之风，山高水长
激励万千中华儿女
以赤子之心护山河无恙

臧克家塑像(中心校区)

一篇《杂感》,简短却字字珠玑
先生与山大因此结缘
一首首新诗
道尽了他对祖国的赤诚热爱
恪守真理,气有浩然
斯人虽已逝,风骨仍长存

陆侃如、冯沅君夫妇塑像(中心校区)

才子佳人,琴瑟和鸣
山大见证了他们的伉俪情深
严谨治学,言传身教
冯陆二人的故事在山大流传
相濡以沫,携手数十载春秋
以文学之美点染丛芳

“八马同槽”——历史系八大教授塑像(中心校区)

“八马同槽”,逐日追风
促学科发展,创史学辉煌
百廿山大,文史见长
石雕镌刻流金岁月
“八马”之志长存于心

乔伟塑像(青岛校区)

一本《唐律研究》

洋洋洒洒十万言,惊艳学界

先生一生,乔木青青

高风亮节,宁折不弯

以法为命,秉持法史相融

开山大法律先河

谱法学宏伟蓝图

蒋维崧塑像(中心校区)

耄耋之年,初心不改
三尺讲台,为国育人
书法遒劲有力
篆刻蜚声艺林
文字学研究闻名遐迩
学者风范,书生意气
为世人共仰,为学子铭记

穷“理”致知

王普塑像(中心校区)

见证核裂变时代伊始
开现代中国物理之篇
待人亲切,治学严谨
一生为学术鞠躬尽瘁
为物理学科书写华章

郭贻诚塑像(中心校区)

磁学先驱,国之栋梁
照耀山大磁学启航之路
耕耘五十载
人才辈出,灿若繁星
将毕生献予齐鲁大地
用耕耘换就桃李芬芳

潘承洞塑像(威海校区)

证哥德巴赫猜想
创山大数学辉煌
文理并举,人才强校
躬身耕耘,倾尽丹心
数载校长任,铸就山大魂

大国“工”匠

刘先志塑像(兴隆山校区)

深邃的目光
凝视远方的天空
勾勒力学应用的宏伟蓝图
纸笔作伴,躬身实践
为山大力学教学与科研
孜孜不倦,耕耘不辍

“医”者仁心

李时珍塑像(趵突泉校区)

李时珍的塑像
寄托山大医学人的执着追求
蕴含悬壶济世为苍生的伟大理想
妙手回春贯古今
变的是药方
不变的是医者仁心

南丁格尔塑像(趵突泉校区)

提灯天使
照亮医学生逐梦远航之路
理论创新,改革发展
舍弃世俗,志存高远
南丁格尔精神屹立
一方雕塑,一座丰碑,一生榜样

孙鸿泉塑像(趵突泉校区)

医以济世,德以化人

当医学追求与强国梦想重合

医者孙鸿泉

以其高明的医术、高尚的情怀

开耳鼻喉科之先河

将不可能变为可能

徐荣祥主题塑像(趵突泉校区)

脚踏四方,心系故乡
纪念石前,医者事迹流传
荣祥楼下,先生德风长存

一校之长

成仿吾塑像(洪家楼校区)

有如山之巍峨,有如海之广阔

成仿吾先生的嘱托

在校歌的词曲间缓缓流淌

融进山大人的奋斗不息的血液里

华岗塑像(青岛校区)

开学风之先,立树人之志
培育齐鲁大地一方沃土
他是校长,是学者,是战士
更是飘扬在山大人心中的一面旗帜

百廿山大
一路风雨
也一路风景

没有什么
比得上
肩上的责任
与心中的使命
文、理、工、医
每一个勋章
都是对汗水的加冕

我们满含泪水回望
更满怀期待地眺望
那来自时空深处的凝视
带来勉励
也带来远方的风
与不变的信仰
弦歌不辍
是回响
更是新声

山大的千万般风景，予你

教学楼外，绿叶沙沙作响；宿舍楼内，光阴斑驳陆离；石板路前，杨柳随风飘扬……那些散布在角落的点点滴滴，走过晨昏与四季，历经风雪与朝阳，熔铸成百廿山大多元发展的深厚根基。一校三地，同心同往，八个校园，同向同行，我们共同组成美丽的山大，我们共同实现着新时代的飞跃！

山大的千万般风景，予你（手绘插图）

三地八校

描摹不尽你的容颜

照片里的一次偶遇

或许

亦是久别重逢

公众号推文

还记得书页微黄
图书馆的灯光
牵引梦想
指明远方的方向

还记得树荫清凉
猫咪酣睡
不如停下奔忙的指针
裁一片宁静的衣袂

学无止境
织就文与理的锦绣
气有浩然
共奏山与海的交响

四季流转百廿的青春
又一年盛夏
带来告别的风
在无数次回眸后
我们再度启航

今天
让我们一起领略山大的风采
感受它的温柔与浪漫
体悟它的宏大与包容

山东大学校区拼图

山东大学校区拼图

阳光细碎，撒下影影绰绰
丹墙翠瓦，历经百廿芳华
泛舟书海
蓝天是梦想的见证

山东大学校区拼图

山东大学校区拼图

我们同处大海之滨
纵千万里山川相隔
不变的
是山东大学的恢宏气象
是强校兴国的共同期望

山东大学食堂拼图

山东大学食堂美食拼图

青松旁，房檐下
暖冬天的胃，浸夏天的凉
无论在哪儿
山大的食堂
总能惊艳你的味蕾

山东大学体育馆拼图

山东大学校园拼图

方与圆

白墙与红窗

高楼与低檐

时间遗落的痕迹

衔接着山大的每一片段

山东大学校园景色拼图

山东大学校园景色拼图

花香馥郁，盈盈满满

碧水过白桥，浮影染夏意

俏猫回首

暖阳予你我

一段岁月静好

窗棂切割出四季

阳光氤氲着韶华

一校分多地

或古色斑驳　或庭院深深　或雄伟壮观

光阴流转于朝暮间

多元风格浑然一派

悠悠百廿

山东大学始终以宽阔的胸怀

无声诠释着

有容乃大的时代新篇

跟随校史馆的他们，聆听山大的故事

百廿所期，强校兴国。在动荡不安的20世纪初，山大人在艰难中办学，誓为天下储人才，为国家图富强。在烽火连天的30年代，山大人用深厚的底蕴奠基，名师云集，文史见长。在开天辟地的50年代，山大人用使命的刻刀誉镌，初心如炬，薪火相传……在盛世芳华的今天，山大人亦用青春之无限生力，践行着强校兴国的誓言。

公众号推文

跟随校史馆的他们，聆听山大的故事(手绘插图)

你问
浩然慨歌，跫音回荡
何以念念不忘
我答
百世传承，一馆珍藏

你问
百家争鸣，文史见长
何谓开山拓路
我答
筚路蓝缕，风雨兼程

光阴回溯百余年
校史馆里的藏品
开启尘封多年的故事
见证岁月更迭，巨变沧桑

你听
琅琅书声
穿越纷飞乱世的战火
唤醒沉睡的灵魂
迸发出铿锵有力的绝响

你看
古籍史册
承载遗风余韵
一笔一画
勾勒出百廿山大的宏伟轮廓
方寸之间尽显繁荣气象

一代代山大人
目光如炬，行而不辍
步履坚定，踏向远方
接过前辈先贤手中的旧薪火
谱写齐鲁大地上的新华章

山东大学校史馆内景

犹记峥嵘岁月，回望建校初心，聆听先辈故事，体悟责任担当。请跟随我们的脚步，从 1901 年出发，忆起段段山大往事……

1901—1926 年成立之初的山大

山东大学是中国近代高等教育的起源性大学。1901 年，山东大学堂秉章程创立，开中国近代高等教育之先河。它承齐鲁文脉，为国家立心，融中西学术，为生民立命。山东大学堂是继京师大学堂之后中国创办的第二所国立大学，也是中国第一所按章程办学的大学。

若说岁月的长河里
流淌的都是故事

“毕业”定是最特别的一个
短短二字记录了两千多个日夜
光绪三十一年
山东高等学堂的第一批学生
获得了属于他们的毕业执照
从春夏到秋冬
从稚气到成长
初始的山东大学
在时世动乱的中国
为天下学子提供了求学的一方净土
山大人亦以满腔热血
启民智，铸国魂
迎着时代的潮头奔涌向前

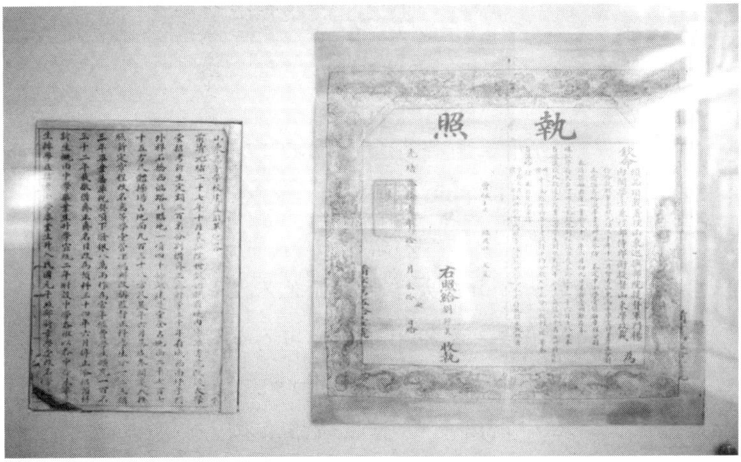

山东高等学堂毕业执照（1905 年）

1926—1949 年逐步成长的山大

时间来到 1926 年，已是山东大学建立的第 25 个年头。风雨飘摇 20 余载，山大再次焕发新生，走入繁荣时期，山大以宽松自由而不失历史底蕴的人文环境，吸引了闻一多、梁实秋、洪深、王淦昌等大批知名学者来校任教、任职。凭借独具特色的教学方式和学风优良的校园氛围，培育了臧克家、周浩然等学界大师与抗战志士。一代代山大学子怀浩然之气，存天下之志，书写山大辉煌。

《臧克家全集》

“千里马常有，而伯乐不常有”
道尽人生难遇伯乐之憾
幸运的是
臧克家在山东大学遇到了他人生的伯乐
入学语文测验中短短三句人生杂感
深深打动了闻一多
以国文 98 分被破格录取
臧克家受业于闻一多
在山大接受新思想，开阔眼界
成为诗坛引人注目的一颗新星
也成为山大历史上的不朽丰碑

山东大学参加“一二·九”运动被捕学生出狱后合影

“华北之大，

已经安放不下一张平静的书桌了！”

面对日寇的步步紧逼

国民政府一味妥协退让

广大爱国学生悲愤交加

发出了抗日的声声怒吼

1935 年“一二·九”运动爆发

山大师生积极声援北平学生

积极营救被捕入狱学生

抗日的烽火岁月中

从不乏山大人无畏的身影

罗荣桓、张自忠、周浩然……

他们为民族独立前仆后继

为革命事业挺身而出

气有浩然

尽显少年凌云之志

1949—2000年欣欣向荣的山大

新中国成立，山东大学进入新的发展时期，跟随国家教育发展的脚步不断向前迈进，并结合国家需要，确定了学校的重点学科和发展方向，形成了“文史见长，加强理科，发展生物，开拓海洋”的办学特色。在华岗校长的引领下，在“冯陆高萧”“八马”等著名教授的推动下，山东大学创办了最早的高校文科杂志和人文社会科学杂志——《文史哲》，费孝通、季羡林、王元化、杜维明、成中英等著名学者的重要文章均曾在此发表。改革开放大背景下，山东大学逐步迈向现代化建设进程。二十几年间，在人才培养、学科建设、科学研究、师资队伍、国内外学术交流等方面，山东大学均达到国内同类高校先进行列。山东大学与时代共进，治学严谨，特长突出，各学科兼容发展，在新的时期展现出一所百廿高校的新面貌。

《文史哲》期刊展列

校之于国，国之于校

休戚与共，共谋复兴路

山东大学的发展道路上

《文史哲》定是浓墨重彩的一笔

开学术交流之窗

汇社科理论之智

创文史研究之基地

开拓者们为教学与科研奉献一生

营造尊师重道、崇尚学术良好风气

一代代山大人接过前辈手中的薪火

铸就山大新时期新辉煌

2000年至今　卓越奋进的山大

2000年后，山东大学全方位、多领域向前迈进。从国家“985工程”重点建设的高水平研究型大学，到入选国家“双一流”建设高校。山东大学继文史之长，又开科创之先，收获着新时期新发展的累累硕果。

在历史沿革中，山东大学奠定了“文史见长”的学科优势特色，出现了像《文史哲》这样备受关注的学术阵地。《文史哲》创刊以来，山东大学充分发挥“文史见长”的优势，在人文社科领域开辟天地。2021年5月9日，习近平总书记给《文史哲》编辑部全体编辑人员回信，对办好哲学社会科学期刊提出殷切期望。新时期，新文科建设工作会议、新文科建设高峰论坛在山大相继召开，进一步推动新文科建设走深走实、行稳致远。在稳步发展原有优势学科的基础上，其他领域的学科建设也拥有了辉煌成绩，三校合并以来，新发展的金融数学、晶体材料、凝聚态物理、胶体界面化学、微生物、机械、材料学、心脑血管功能修复、新药制造、中国古典哲学等学科均达到国内一流水平，有些方向和领域已处在世界水平。

百余年间，山东大学秉承“为天下储人才，为国家图富强”的办学宗旨，践行“学无止境，气有浩然”的校训，踔厉奋发，薪火相传，学校始终坚守“为国育贤”办学初心，形成了结构完整、实力雄厚、独具特色的人才培养体系，以“家国情怀、崇实品格、担当精神、创新素养”作为山大人的独特基因、恒久不变的人格底色。从建校初期著名学者教授齐聚山大为国家高等教育的发展和各项建设事业作出贡献，到如今各领域杰出人才不断涌现，山大人“朴实、扎实、务实”的品格和不断追求创新的精神风貌在学术文化氛围浓厚的校园里绵延传递。山大人也将铭记初心，继续发扬传统优势，开拓创新，承先辈之遗风，将历史重托与时代使命结合，在新的征程上，奋勇前进，砥砺争先。

江泽民鼓励山东大学发展奋进的题词

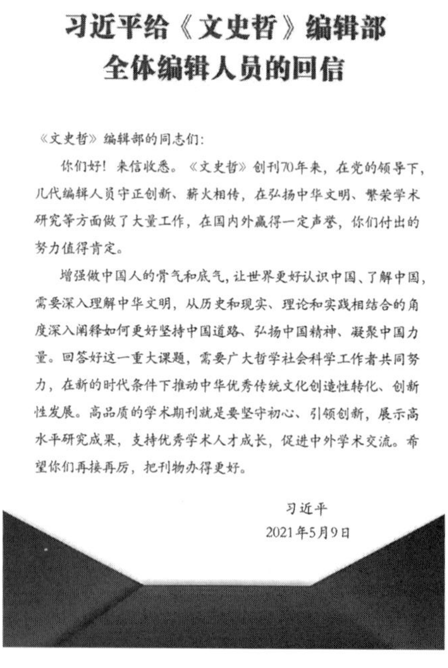

习近平给《文史哲》编辑部
全体编辑人员的回信

《文史哲》编辑部的同志们：

你们好！来信收悉。《文史哲》创刊70年来，在党的领导下，几代编辑人员守正创新、薪火相传，在弘扬中华文明、繁荣学术研究等方面做了大量工作，在国内外赢得一定声誉，你们付出的努力值得肯定。

增强做中国人的骨气和底气，让世界更好认识中国、了解中国，需要深入理解中华文明，从历史和现实、理论和实践相结合的角度深入阐释如何更好坚持中国道路、弘扬中国精神、凝聚中国力量。回答好这一重大课题，需要广大哲学社会科学工作者共同努力，在新的时代条件下推动中华优秀传统文化创造性转化、创新性发展。高品质的学术期刊就是要坚守初心、引领创新，展示高水平研究成果，支持优秀学术人才成长，促进中外学术交流。希望你们再接再厉，把刊物办得更好。

习近平

2021年5月9日

习近平给〈文史哲〉编辑部全体编辑人员的回信

图片来源：《习近平给〈文史哲〉编辑部全体编辑人员的回信》，2021 年 5 月 10，https://www.ccps.gov.cn/xxsxk/zyls/202105/t20210512_148640.shtml。

21 世纪的钟声敲响
这是一个全新的时代
机遇与挑战共存
一校三地扩展山大版图
学科增新与体系完善增强山大自信
与外合作开辟新领域、拓宽新视野
不负国家重视、人民期望
勇担重任，再谱新篇

百廿征途，璨若星河
一本书，一页纸
记录着山大前行坚实的脚印
岁月风华流转
代代山大人不变奋斗担当之底色
校史馆里的故事
将由你我接续传递、共同书写

百廿山大，可以有多少种组合

百廿山大，可以有多少种组合（手绘插图）

公众号推文

有一个地方

在那里

你可以

拥有一隅空地，让书声栖息

拥有几净窗明，让思绪飞扬

闲赏云卷云舒

细看草长莺飞

在那里
你可以
感受到洪楼的静谧
倾听到稷下的空灵
目睹到知新的高耸

在那里
你可以
体味到文史哲的底蕴
畅游在数理化的海洋
山东大学
从厚重的历史中走来
屹立于山海之间

在那里
无数条毫不相干的平行线
相互交织
为天下储人才
为国家图富强
让我们携手前行
山迎天下
大有未来

2021年,山大迎来了120岁生日。我们特此推出了“120”点的小游戏,与“24”点游戏规则类似,大家利用隐藏在文中和图中出现的数字,进行加减乘除的运算,每一道题最后均可得出120的答案,数字可以重复使用进行运算。(例如:120×1=120)下面请擦亮眼睛,准备好纸和笔,开始游戏吧!

山大风景(含隐藏数字)

山东大学是中国近代高等教育起源性大学,其前身是1901年(清光绪二十七年)在济南创办的官立山东大学堂,时至2021年已有120年历史,历史悠久,底蕴深厚。

学校校园环境优美,建设有一座地标性建筑——知新楼。它着一袭白色的素装,宛如一位大隐隐于市的智者,散发着“大直若屈,大巧若拙,大辩若讷”的独特气质,毅然耸立在校园之中。

山大风景(含隐藏数字)

山东大学堂是继京师大学堂之后中国创办的第二所国立大学，从诞生起，学校先后历经了山东大学堂、省立山东大学、国立青岛大学、国立山东大学、山东大学以及由原山东大学、山东医科大学、山东工业大学三校合并组建的新山东大学等几个历史发展时期，截至2021年共设有55个教学院系。

在悠久的历史长河中，山东大学人才辈出，在校园各处会见到山大历史上杰出先辈们的塑像。其中有两尊塑像相互呼应——闻一多先生和臧克家先生，两位大家惺惺相惜的故事大家早已耳熟能详。如今，二人咫尺相距，各自静静地坐在长椅上，闻一多先生还是一袭长衫，项系围巾，左手握着大烟斗，低头沉思；臧克家先生也依旧是一身中山装，圆口布鞋，一只手攥着书，一只手搭在长椅的靠背上，微笑着凝视前方。两位先生静静地坐在校园中，聆听着琅琅的书声，那么远，却又那么近，好像从未走远。

山大风景（含隐藏数字）

才子佳人，琴瑟和鸣。在山大众多塑像中，有一对伉俪，春夏秋冬，四季常伴。冯沅君和陆侃如夫妇志趣相投，二人自 1947 年于山东大学任教，共同著书，将青春奉献给山大，奉献给祖国的教育事业。

在山大辉煌的学术历史上，“八马同槽”无疑是一面不倒的旗帜，如今他们的塑像也屹立在山东大学中心校区。大家云集，畅谈学术，思想交锋，营造了良好的学术氛围，创造出丰硕的学术成果。

活动风采（含隐藏数字）

时至今日，山大始终秉持着“为天下储人才，为国家图富强”的办学宗旨，为师生创造了良好的学习生活环境，文化氛围日渐浓厚，各方面教育教学工作稳步推进。

山大风景（含隐藏数字）

在打造浓厚的文化氛围的同时，山东大学学科建设稳步推进。截至2018年，建设有世界一流建设学科2个、一级学科国家重点学科2个、二级学科国家重点学科14个、省级重点学科70个，学校汇聚了一批杰出人才，共有教授1082人、博士生导师897人。其中，诺贝尔物理学奖获得者彼得·格林贝格尔(Peter Grünberg)受聘为特聘教授，研究生导师莫言教授荣获 2012 年诺贝尔文学奖，教学力量雄厚，学科建设稳步推进。

山大风景(含隐藏数字)

截至 2021 年，山东大学现设有专业学位博士点 3 个、本科专业 117 个，教学体系相对较完备，覆盖文、理、工、医四大学科领域，实现了各学科的协调发展，为国家培养高素质人才提供优质教学资源。

山大风景(含隐藏数字)

截至2018年8月,山东大学形成了一校三地(济南、威海、青岛)八大校园(中心校区、千佛山校区、趵突泉校区、洪家楼校区、软件园校区、兴隆山校区、威海校区、青岛校区)的办学格局,学校占地面积广阔,各校区交流密切、共同发展。

山东大学还将秉承"为天下储人才,为国家图富强"的办学宗旨,践行

"学无止境，气有浩然"的校训，以积极向上的面貌、团结进取的信念为建成中国特色世界一流大学持续努力。在新时期新形势下，山东大学将紧跟国家战略需求，深化推进体制改革及学科建设，培养各领域高质量人才，为新时期社会主义现代化建设贡献山大力量。

我们相信，120 岁的山东大学，从厚重的历史中走来，永远朝气蓬勃，永远未来可期！

1901 年，山大携着历史的尘埃与星光走来
经历过改制、停办、合并……
至今依旧蓬勃发展
历史见证了山大的成长
山大也见证了历史的沉浮

120 年
43800 个日夜
山大前进的每一步
都愈加坚实有力
2021.10.15
不是终点
而是里程碑
更是新的起点
当倒计时的数字清零
我们与山大的故事
永远有下一个
分秒的交会

第三章

镂影摛声，回望岁岁年年

与山大共同成长的美好时光

我在山东大学求学的四年时光里，不断在人生的十字路口处作出抉择，慢慢懂得自律、学会守护、收获成长，梦想的种子逐渐发芽。

此时的自己仍然无法忘记刚刚进入大学时的迷茫和不知所措，那时想要变得更好却不知道哪一条路才是适合自己的，眼前的任何一个机会都不愿错过，我加入学生会、广播台和学生社团，在一次次的尝试中为自己设定目标，找寻方向。

于我而言，大一时的学生工作经历，是我大学生活中永远珍藏的一段时光。正是在这一年所从事的志愿服务中，我懂得了什么是学生工作真正的意义。社区四点半课堂里孩子们的笑容和社工的一句认可就是对我们工作最大的肯定，近两个小时的公交车往返路程也不觉苦和累，在服务的过程中也明白了什么叫克服困难的勇气。在社区志愿服务项目结项后，我又去找新的志愿服务点，工作中产生矛盾也学会了去慢慢化解……在这些工作中收获的认可与成就感，是我大一之后能够坚持做学生工作的动力来源。我很感激这一年的种种经历，也感谢这些帮助过我、指导过我的学长学姐，这一年给我留下的最大印记，便是不论遇到什么困难，都要伏下身子去做，不要眼高手低，更不要畏惧挑战。

“全心全意为同学服务”是学生会的宗旨，更是每一位学生会工作人员内心最深沉的告白。我永远都不会忘记2019年的开学季以及迎新值夜班的那一晚给我的感动。当时，学院设立了守夜迎新点，我和另外三位男生在济南的秋夜里彻夜守候、迎接新生。这是我人生中第一次在室外通宵熬夜。凌晨时分的我实在顶不住疲倦趴下休息，被难以入眠的伙伴记录下了那晚的画面。当我看到照片的那一刻，突然觉得原来自己做的工作还是挺值得的。我们并不是在自娱自乐，而是真的在服务同学。后来，当在工作中遇到误解和困难时，我总会回忆起那个夜晚、那张照片，用以肯定和坚守自己服务奉献的本分和初心。在学生会工作的最大幸福，就是用积极主动的态度和乐此不疲的精神去享受无怨无悔的奉献，以彰显自身价值。对自身价值的强烈认同感，为我的学生工作生涯不断注入着热爱与动力。

在本科生涯的最后一年，我时常感到无法适应身边所发生的改变。每当填写自己的履历时，我常常会感到诧异，究竟是什么时候开始有了这么多的“头衔”，又不安于自己是否尽好自己的每一份责任，是否会在荣誉中迷失自我。

2020年的8月，我参加了中华全国学生联合会第二十七次代表大会。作为代表团团长，从会前准备会议材料、与工作人员沟通会议流程，到协调会议节奏，与全国各分会场保持基本一致，我深刻明白每一个细节的把控、每一个信息的传递都意味着更大的责任。作为一名正式代表，我参与审议草案、提出意见与建议等，认真履行代表职责，把握新时代新任务新要求，这是荣誉，更是责任。

“引导同学往远处看、往高处看、往脚下看”，是对学生会未来发展的嘱托与指导；“力戒‘骄娇’二气，做永久奋斗的新时代中国青年”，是对青年学生成长成才的深切期许。

当我第一次走进山东会堂，第一次谈到习近平总书记贺信，第一次在现场感受到党和国家对我们青年学生的殷切期望，我才真正明白自己所从事的工作不仅仅是学生群体的“自娱自乐”，而是党和国家事业大局中的重要组成部分，懂得在更高的位置去认识学生会和这项青年人所持续奋斗的事业，为自己找寻定位。

我在学生会工作中体悟最深的一句话，是“把学生会当成家，把身边的伙伴当成家人，珍惜这段美好的青春时光”。在学生会中，我们可能会度过一年、两年、三年乃至四年的时光，时间终归是短暂的，但我们和伙伴们在一起努力、一起拼搏、一起奋斗的时光中所形成的情谊却是永恒不变的。学生会是一个集体，是一个大家庭，是大家锻炼成长的地方。我相信我们每一个人都不会忘记自己在面试时的紧张心情，更不会忘记第一次参加会议时的激动。学生会不是冷冰冰的组织，而是由一个个人组成的。如今的我即将毕业，熟悉的朋友们都将要去往天南海北，我也要走上自己全新的路途。此刻的自己，更加珍惜彼此的情谊，渴望守护珍贵的友情。

时光若白驹过隙，倏然而已。匆匆四年，最终还是站在离别的路口。纵然百般不舍，我们终将踏上新的征途，走向星辰大海。

此刻一别，愿前路繁花，高处重逢。

作者简介：

刘政，中共党员，山东大学哲学与社会发展学院2017级哲学专业本科生，通过山东大学2021届保资辅导员选拔并保送至山东大学马克思主义学院党的建设专业攻读硕士研究生。曾担任中华全国学生联合会、山东省学生联合会主席团成员团体代表，山东大学本科生党支部负责人培训示范班党支部书记，山东大学学生会主席，山东大学哲学与社会发展学院学生会主席等学生工作职务，曾获2019—2020学年度国家奖学金、山东省优秀毕业生、山东省优秀学生干部等荣誉。

向着青春的大海星辰，遇见百廿芳华

在整理部分校友的投稿稿件时，我不禁与一个个真实的故事产生共鸣，对那些优秀的校友和他们的事迹感到由衷钦佩，那些来自内心深处对山大最真挚热烈的情感，成为所有山大人共同的精神寄托。“山大人”的标签和精神成为他们日后投身工作事业、实现人生价值道路上最值得骄傲的底气。这种精神力量来源于一百二十年来的底蕴积淀，来源于每一位山大人在属于自己的时代书写的一页页璀璨绚烂的历史篇章。

我为自己同样身为一名“山大人”而感到自豪。我曾在成都参加第三届全国“双一流”高校研究生发展论坛，并作研究生发展报告，其间与来自各高校的朋友们交流，当听到有人评说“百年老校山东大学，拥有最深厚的力量”时，那种自豪与激动溢于言表。山大，她总能带给我们无限的成长空间和无数种“做梦”的可能；山大，带我领略到一流学术水平的魅力。在这里我有更多机会参加社会实践和科创实践，我同样能以“主人翁”的姿态参与学校发展建设，为维护同学们的权益发声、为校园文化发展贡献力量……山大带给青春的我闪耀着梦想和智慧光辉的大海星辰，而我也有幸遇见了她最美的百廿芳华！

山大带给我的大海星辰，是汪洋大海般广阔的视野和知识，是精神世界的重塑。在这里有给予我人生重要指引的恩师，他们传道解惑，修正我看待世界的角度，教会我知行合一，他们的心中充满了爱与坚守；在这里有思维碰撞激荡的国际学术交流会议，他们对我知识世界的填充，不只是几纸奖学金证书就足够证明的；在这里我与来自不同学院和五湖四海其他高校的朋友们交流思想、切磋科创成果，在属于“创青春”“互联网＋”等关键词的记忆中，那些个一行四五人为了同一个目标夜以继日奋斗的日子，会成为青春永远的定格……

山大带给我的大海星辰，是繁星点点的更多可能。无论是在学生组织中展示和锻炼自我，感受一个集体带来的温度与归属感，还是在硕博服务团社会实践中体会发现和解决问题的成就感，抑或是疫情期间穿上“红马甲”，亮出校园志愿者身份牌的责任感，山大用开放与包容、自信与活力将更多闪耀着青春之光的繁星带给我，它们见证着我的成长，成就了我的更多可能。

三年之期未满，我与山大的故事还未结束，何其有幸能够亲历她120周年的深沉与涵养。归根结底，历史的创造主体依然是人民，在山大120年的岁月中，是一代代恪守“学无止境，气有浩然”校训的山大人用守正创新的精神品质和代代传承的家国情怀成就了她今天的辉煌。未来的篇章，需要我们这一代人继续书写，那映照在骨子里的山大精神和气质，终将会在属于我们的、新的历史时代的奋斗中熠熠生辉。

作者简介：

邵栗子，女，中共党员，山东大学管理学院2019级硕士研究生，共青团中央·全国“践行社会主义核心价值观”先进个人，山东省高等学校优秀学生干部，山东省优秀毕业生，山东大学十佳共青团员，山东大学优秀研究生，山东大学管理学院优秀共产党员。现任学生党支部书记，曾任山东大学研究生会主席，辅导员助理，学科专业负责人。曾获第十二届“挑战杯”中国大学生创业计划大赛银奖、山东省第五届“互联网＋”大学生创新创业大赛银奖、全国电信奖学金、山东大学研究生学业奖学金一等奖、山东大学研究生新生奖学金一等奖、山东大学优秀共青团员、山东大学志愿服务先进个人、山东大学管理学院“榜样的力量”年度人物等荣誉奖励40余项。

我们的故事，永远是进行“shi”

如果你笃爱笔尖摩挲书页的轻响
如果你钟情手指按下快门的瞬间
如果你热爱关于山大一切的点滴
如果你愿意，可以坐下来，听听我们校媒人的故事……

我们的故事始于每个人的秋天
“shi”于“事”“时”“史”“式”。

“事”
观察着每一秒，记录着每一刻
我们思考你的思考
我们关心你的关心。
捧起相机，敲起键盘
我们只想为你留下那些山大的
一人一事，一景一情。
记大事者，笔耕不辍
我们客观、踏实、可靠
用大事小情将你与山大的脉搏紧系。

“时”
奔走于校内外，思考在昼夜间
我们把时间看作生命
我们把时效当作追求。
团结协作，分工明确

我们只想与你立享那些山大的
每日每夜，每时每刻。
惜分秒者，步履不停
我们敏感、迅速、准确
让你随时捕捉到山大的一点一滴。

“史”
回顾着过去时，启发着现在时
我们追忆着曾经的辉煌
我们赓续着百廿的荣光。
翻阅史料，四处求证
我们只想与你同品那些山大的
往往来来，风风雨雨。
尊历史者，勤勉不怠
我们严谨、谦逊、扎实
同你时刻传承着山大的精神谱系。

“式”
感受着新变化，创新着新形式
我们行走在新媒体的前沿
我们诉说着新时代的故事。
图文并茂，视听结合
我们只想带你来到那些山大的
活动现场，晚会前台。
与时进者，奋斗不颓
我们活泼、努力、向上
与你多形式共述山大发展新篇章。

我们的故事没有全剧终
有的只是一代代校园媒体人的薪火相传。

镜头为笔，光影为墨，定格山大的四时芳华
心育妙文，笔端生花，述说山大的前世今生
扎根当下，遥望远方，传扬山大的精神力量。
我们的故事永远是进行时
记"事"、求"时"、读"史"、创"式"
我们时刻同山大共同呼吸
我们时刻与山大共同成长
我们用动情的记述诠释对于山大的热爱
我们用务实的坚守作为献予山大的致意。

作者简介：

万钊廷，男，中共预备党员，山东大学新闻传播学院 2018 级本科生，现任新闻传播学院本科生党支部副书记，曾任山东大学青年媒体中心负责人、新闻传播学院学生会执行主席等职务。在校期间荣获山东广电奖学金、环球时报奖学金、国强传媒学子奖学金、全国无偿献血志愿服务五星奖、山东省"三下乡"社会实践优秀个人、山东大学优秀学生干部、山东大学优秀共青团员、山东大学志愿服务先进个人等荣誉 20 余项。

红绿配色

至今仍记得参加校学生会视觉设计中心第二轮面试时，我遇到的试题——红绿配色。这道题目要求在指定时间内，从调色板中自由选取红绿色彩，将屏幕PS界面内等分的两部分分别填上一种红色和一种绿色，最终形成协调好看的红绿配色图片。

提起红绿配色，可能大部分人联想到的，都是洋溢着老一辈风情的、大红大绿的牡丹富贵花布床单，我也不例外。也许是由于紧张，当时我的脑子仿佛也变成了花布床单，红红绿绿纠缠在一起。加之从没用过PS，我只能拜托在场的学姐帮我进行技术操作。手忙脚乱，挣扎几番，我最终选定了枣红色配叶绿色。之后虽然顺利入选，但我对这道配色题目一直苦苦思索，不得其解。

后来，在部门学长学姐的细心指导下，我从对PS一无所知的小白，成长为能独立做出不同风格海报的进阶者。因为热爱，我不断提升制图能力；因为责任，我选择留在部门继续发光发热，为新生开学和学院迎新晚会等活动制作系列物料。

在工作与学习中穿梭，我时常也觉得自己好像被剖成了两半。对学生工作始终难以割舍，于是身上的责任越来越大，担子越来越重。比起其他学生工作，制图好像多了几分沉闷，对我来说却是生活中为数不多的浪漫与修行。

转眼到了大二，又是一年纳新时，熟悉的红绿配色显现在电脑桌面，心情却截然不同，我已然从一个参与者变成了旁观者。看着熟悉的题目，我脑中不经意间便浮现出诸多配色方案，洋红配青色、桃红配柳绿、朱砂配青碧……原来转变的不只是心情，还有我对红绿配色的理解。

红绿配色，重在"配"。配得好，红绿相衬，妙趣横生；配不好，红绿互斥，丑态百出。红绿配色于我而言，不只是遥远而短暂的面试记忆。实际上，不管是学生工作，还是学习生活，我始终在做着自己的配色题目，试图发现更多配色的可能性。或许每个人都在努力做着自己的“红绿配色”，使生命中的色彩配比趋于和谐完美。

在百廿山大这列疾驰的列车中，窗外流动着青春的倒影，我在这趟列车上，努力做好自己的“红绿配色”，默默耕耘，持久付出，那些美好的人与事便慷慨地向我奔驰涌来，一些片段灿影如微风拂面，泥泞人生顿时便又芬芳起来。

作者简介：

焉祯，山东大学马克思主义学院 2018 级本科生，现任山东大学学生会负责人。连续两年获得国家奖学金，曾获首届人大“五四杯”学术论文竞赛二等奖、第十六届“挑战杯”国赛三等奖等国家级奖项 4 项，省级优秀学生等省市级奖项 2 项，校三好学生等校院级奖项 40 余项。曾参加北马论坛、未名论坛、复旦大学大学生治国理政论坛等全国性论坛，曾作为山东大学代表参加教育部“3 · 18”重要讲话精神座谈会并作主题发言。

当排练厅的灯亮起……

当排练厅的灯亮起
当排练厅的灯关上
当所有的歌声
都像远处天边的焰火
消散在夜空里
陪着你离开的
只有路旁的树影和花香
在没有了排练的周四
你是否会想起什么？

当排练厅的灯亮起
当排练厅的灯关上
刚才，仿佛就在刚才
这里还有一群学生在歌唱
我真爱这歌声啊
它把我的灵魂轻轻地托起
让它在云朵里飞翔
还有这浪漫的琴曲
就像叮咚的泉水流向远方
多少闷热的夏夜
蟋蟀也为我们伴奏
多少寒冷的冬日
温暖我们的是《知否知否》和《起航》[①]。

当排练厅的灯亮起

① 《知否知否》《起航》都是舜歌合唱团较有代表性的作品。《起航》也是舜歌合唱团的团歌。

当排练厅的灯关上
集训的日子是“朝九晚九”
乐谱早就被翻得起皱
快听，别的几个声部
都在帮我们找音
快看，同学之间正传递着
一包小小的润喉糖
这首歌要唱连音线
那一首又要按点唱
练了那么久的“拱形连接”“轻声高位”
直到最后的最后，我们还在提醒着彼此。

从这小小的排练厅
我们走上大舞台的中央
让所有的心灵，都随着音乐一同起舞
让人们看到繁花似锦，嗅到美酒飘香
别人说
这就是山大的声音
我们说
这是一群年轻人用心在歌唱。

当排练厅的灯亮起
当排练厅的灯关上
会的，我会想起
“多少迷茫与徘徊”“多少激情和梦想”①
舜歌，多美的名字
仿佛从古圣贤的乐歌中走来②
和趵突泉水一般晶莹闪光
“所有使我像草一样颤抖过的
快乐或者好的思想，

① 这是《起航》的歌词。
② “舜歌”出自《礼记·乐记》“昔者，舜作五弦之琴以歌《南风》”。

都变成声音飞到四方八面去吧”①
让它们飞向天空、飞越群山
飞向浩瀚的海洋！

当排练厅的灯亮起
当排练厅的灯关上
黑，白
像黑键和白键
纱裙和西装
把那些感动了我们的歌
再听一遍吧
如果白天不能回来
那么就在梦里回来。

作者简介：

张弛，山东大学2017级本科生，先后就读于哲学与社会发展学院社会学专业、文学院汉语言文学专业，毕业后继续攻读硕士学位。本科期间为山大舜歌合唱团成员，随团参加了第十四届中国国际合唱节、第六届济南国际合唱节、舜歌合唱团十周年专场音乐会等，并在校内多次参加山东大学合唱文化节、迎新晚会、教师节表彰大会等演出。获得过山东大学优秀共青团员、学业奖学金、特长奖学金等荣誉和奖励。

① 这是何其芳《我为少男少女们歌唱》一诗里的句子。

在奉献中收获，在历练中成长

落日游云伴雁鸣，穿荒过岭岂零丁。
巍巍岱岳才相送，莽莽天山复又迎。
且画长虹平雨泣，要书明月断风惊。
知行可阅千帆尽，壮志能容四海情。

（2019 年 7 月，济南至若羌途中）

转眼间，毕业离校已一个多月，我也即将走向工作岗位，迎来新的人生阶段了。八年的求学时光，百廿山大为我涂抹了厚重的专业底色，也为我提供了许多机会在广阔天地中历练。七次短期支教，一年长期支教，我们将崇实求新的山大风骨带往西部乡村，也在知行合一中不断收获成长。如今远在千里之外，回想起在山大的点滴故事，便更加怀念在这里度过的青春岁月。

高中时因为一部小说《天行者》而萌生了支教的念头，踏上支教之路则始于刚进校园不久，在欣园西门接到的一份志愿者招募宣传单。大一那年寒假，我如愿地跟随蒲公英同行者队来到甘肃陇南杨庄三祝希望小学。进入杨庄需要经过一座铁板吊桥，冬日雪后，桥上积了一层薄冰，我们拖着行李走过时吊桥还在微微晃动。学校是汶川震后援建的希望小学，整个学校只有三个老师、三间教室。每两个年级在一间教室里相背而坐，老师交替给两个年级上课。总觉得这是小说中出现的乡村小学的场景，在现实生活里见到给了我很深的震撼。寒假时间短，与孩子们相处的日子屈指可数，但我们却结下了深厚的情谊。

从杨庄回来以后我想了很多。短短几天里我真切地感受到了孩子们对未知的渴望，看到了我们的陪伴为他们带去的欢乐。我也通过支教第一次走进广阔天地，看见中国大地的细节，懂得了知行合一的可贵，理解了“为天下储人材，为国家图富强”绝不只是《山东大学堂章程》中的空洞虚言，更是一种厚重的历史使命。

于是在大一暑假，我又带领一支新的团队去往了江西省吉安市永新县石桥镇夏阳村贺子珍红军小学。整整三周的时间使梦之翼队完全融入了这个村子。我们穿过一道道田埂去做家访，在清晨的集市上采买食材，在昏黄的灯光下加入村中的广场舞大队。离开前最后一天联欢会，我们带着孩子们去往村中的戏台，走到最后一个转角时，听到了热烈的腰鼓声，看到了身着盛装的腰鼓队爷爷奶奶们。再一转头，中午布置舞台时还空荡荡的戏台前早已围坐了一圈圈村民，我们的眼眶不禁湿润了。我们在台上一同唱起《我的山大我的家》，向夏阳村告别。身处 1000 多公里外的乡野，唱着“凡我在处，便是山大”，一种温情自心底升腾而起，这将是我生命中永远无法抹去的温暖底色。

此后便一发而不可收了，山东蒙阴、重庆开州、湖北英山、贵州兴仁、新疆若羌，几乎每一个寒暑假我都在参与支教活动，也许是一种惯性驱使我不停地走在路上。直到 2017 年本科毕业后，我参加山东大学研究生支教团，来到伊宁县第二中学担任高中历史老师。

长期支教与短期大不相同。作为一名正式的任课老师，我为提升学生的成绩绞尽脑汁，也为杜绝抄作业而与他们“斗智斗勇”。寒来暑往，我们阅遍了塞外江南的四季景色，也与这里的师生成为挚友。一年中我接触过很多学生家长，从他们的眼中都能看到对孩子的殷切期待。每一个学生背后都是一个家庭，站在讲台上面对他们时，我能清晰地感受到自己肩上沉甸甸的责任。

校园里的时光总是匆匆，与山大虽有八年之缘，却终究还是要离别的。无论走到哪里，我都始终忘不了母校恩师的谆谆教诲，忘不了百廿山大的家国情怀，也定将秉承着“学无止境，气有浩然”的山大精神在新的天地中砥砺前行。

作者简介：

王世杰，山东大学儒学高等研究院2018级中国古代文学专业硕士研究生，山东省优秀毕业生，中共预备党员，现工作于中共云南省委组织部。在校期间曾任共青团山东大学委员会（兼职）副书记、儒学高等研究院研究生会主席。曾获山东省优秀共青团员、山东大学优秀研究生干部等荣誉称号。曾参加山东大学第十九届研究生支教团赴新疆伊犁支教，获伊犁州优秀西部计划志愿者称号。

纵为萤烛末光，我也愿增辉日月

2017年初入山大，校园里的一切事物都令我新奇无比，这也是我第一次独自离开家乡来到完全陌生的地方。和蔼可亲的老师、友善可爱的同学、各式各样的新生活动和讲座……这些让我很快就适应了大学生活，也在我心中播下了梦想的种子。从那时起，我便立志成为一名出色的科研工作者。为此，一千多个日夜，我都以最高的标准要求自己。

吾生有涯，而知无涯

物理是一门十分有趣的学科，它值得每一位学者去孜孜不倦地探索。同时，山大浓厚的学习氛围让我意识到理论知识对大学生来说至关重要，如果前期没有打好基础，做起项目来就像是在建造一栋没有地基的房子。

学习物理并不容易，因为有许多定理、公式都需要潜下心来研究，才能真正理解其中的含义。遇到难题时，我总喜欢请教身边的同学，虽然一开始双方各执己见，经过激烈的讨论后都会得到一致的答案。早上我喜欢踏着清晨的第一缕阳光进入图书馆学习，晚上伴着闭馆音乐回寝室。大一上学期，我的成绩排名为年级第五，像每一个怀揣梦想的人一样，对于梦想的执着，激励着我不断前行。最终，本科四年我的总成绩年级排名第一，实现了一场人生的“小逆袭”。

我深知“学海无涯，心存高远，君子力学，昼夜不息”的奥义。走好接下来的人生路，我必须脚踏实地，不断努力，不停收获，向着自己的目标前进！

脚踏实地，问路科研

爱因斯坦曾说："我认为对于一切情况，只有'兴趣'才是最好的老师。"因此在科研中，我将兴趣作为重要的参考指标。大一、大二对科研项目的不断尝试和探索，让我确定了对应用物理方向的兴趣；而前两年知识和科研方法的储备，则为我以后自己带队开展科研项目打好了学术基础。

刚刚进入课题组时，我是一个什么都不会、什么也不懂的"小萌新"。阅读文献时，我遇到了太多不能理解的专业词；学习软件时，我碰到了太多无法正常计算的脚本；撰写论文时，我和导师前后修改了六版文章……面对科研道路上的种种困难，"相信自己一定能做好"的信念一直支撑着我走下去。最终，在本科期间我以第一作者在SCI一区期刊上发表了论文(IF=8.758)。通过这篇论文，我收获良多：第一，通过不断学习，我积累了非常丰富的物理专业知识，能够将知识灵活应用于论文中；第二，通过不断投身新的科研项目，我学习到了多种科研方法，如文献检索、数据处理和论文书写等；第三，在研究过程中，我积极与导师和同学交流，建立了深厚的师生情与同学情。

人总是要向前看的，过去的辉煌与失败并不能代表什么，未来仍然把握在自己手上。保持一颗热爱学术、热爱科研的心，才能一直在物理这条路上坚定不移地走下去。

深耕细作，努力前行

学生工作是我大学生活中绚丽多彩的一笔。四年里，一步一个脚印，我不断地挑战自我，找寻着"不设限"人生的样子。在学生会中，我与伙伴们共同举办了校园十大歌手、思美节、"五四"表彰大会等大型活动；在班级中，参与每学年的成绩认定、奖学金考评等工作；作为一名学生党员，负责"学科营"特色活动，先后给学弟学妹们讲解了量子力学和光学课程，同时，积极参与"党员进宿舍""一对一帮扶"等支部活动……一项项的活动是责任，更是我在紧张平凡的生活中为自己打造的英雄梦想。

丰富的学生工作使我的大学生活更加充实与多彩，结识了许多朋友，增长了社会阅历，学习了许多为人处世的方法。在此向亲爱的山大表达我最诚挚的感激，感谢山大给予我的平台，让我在学习、科研与工作三者中都有所收获，实现了自身的全面发展。

今日成功的背后是长年累月的坚持和付出，我将继续秉承“学无止境，气有浩然”的校训和“闻天逐日，探物究理”的院训，不驰于空想，不骛于虚声，在基础研究的道路上守住寂寞，不忘初心，在自己喜爱的领域内发光发亮，做一名有家国情怀的山大人。

作者简介：

尹若彤，山东大学空间科学与物理学院2017级应用物理学专业本科生，山东省优秀毕业生，现已保送至中国科学技术大学攻读凝聚态物理专业。中共党员，曾任班级学习委员、校级科研工作室主持人。科研成果突出，以第一作者身份在SCI一区期刊上发表影响因子8以上的高水平论文一篇，主持的山大基金项目获校级一等奖，参与的挑战杯项目已进入国赛阶段；学习成绩优异，专业排名第一，获得国家奖学金、山东大学校长奖、学业一等奖学金等12项奖学金类奖励。

年华正好 致敬青春

在山大三年的时光，我拥有过很多角色。我是学生，是歌手，是志愿者，是研究生会的负责人，每个角色都代表着一段珍贵而美好的经历。在这么多的角色当中，我想大概很多老师、同学是通过十大歌手的身份来认识我这个大高个儿的。那么我与大家分享的故事，也从那令我心潮澎湃的比赛开始。

在研三时，我参加了一场盛大的十大歌手大赛，我和室友仪名浩以“青山组合”的形式获得了十大歌手第一名。那一晚，我们站在了音乐厅舞台的最前方，当所有灯光突然在我面前闪亮，当听到台下同学们雷鸣般的欢呼喝彩，那一刹灿烂的感觉让我触动特别大。我突然明白：在最具梦想的时代，我的青春需要一场无所顾忌的奋斗。等到耄耋之年回忆起那段岁月，只觉鲜衣怒马、明媚绚烂。也就是从那一刻起，山大成为了我真正的精神家园。

能够在学生时代的末尾实现音乐梦想，我无疑是幸运的，但我与山大的故事却远不止于此。山大总能够为我们的成长提供宽广的平台和无限的可能。当然，机会都是留给有准备的人的。在这个丰富多彩的世界，每天都有很多新鲜事物在吸引着我们，但我们还是要不违本心地去抓住一条主线，循着设定的小目标，一步一个脚印地往前走。在我已经走过的研究生三年里，主线就是夯实学业，塑造自我。我曾以学院综合排名前百分之三的成绩获得过国家奖学金、校级一等奖学金、优秀研究生干部奖学金等奖励，也在北大核心期刊上发表过论文，并参与了一部著作的编写。学业的精进离不开我的导师王德胜教授的谆谆教诲，三年来，我的导师总是设身处地为我着想，像家人一般关心我的成长、尊重我的想法、期待我的未来。还记得研一开学时，我曾对导师说要做一名让导师骄傲的学生，现在站在毕业生的角度再来思考这句话，我想它更应该成为我一生要遵守的承诺。

研一和研二的时候，我还分别参与了校院两级研究生会主席团的竞选，而后顺利留在了“梦想开始的地方”。作为一个学生组织，研究生会同样承载着很多人的青春记忆。在研究生会的这三年，有太多触动我的人和事。我相信，那些一起奋斗过、一起哭过笑过的日子，终会成为青春岁月中最流光溢彩的记忆。三年来，我们一起见证了数场全国性学术会议的召开，一同组织了多场丰富多彩的校园文化活动，一道参与了疫情时返校学生的志愿服务工作……回想起在研究生会的三年，我无比骄傲和自豪，这也是后来我会在毕业时选择成为一名选调生的原因。在我看来，研究生会是一个有思想、有温度、有力量的学生组织，能够为大家提供锻炼的机会、成长的平台以及温暖的友谊。山大研究生会的历练让我懂得，我应该时刻以党员的名义、以人民的名义，有社会责任感、有主动性和创造性，谦卑而大胆地前行，为祖国和人民奉献我的一切。

百廿山大，源远流长。恰逢山东大学一百二十周年校庆，非常荣幸能够给大家分享我的山大故事。我是来自山东大学的一名普通学生，是山东大学给予了我包容而宽广的平台，让我有更多的机会去实现自己的青春梦想。我想每个人的山大故事都有不一样的精彩，三年甚至更长时间的山大生活，会在我们每个人的心中留下深刻的山大烙印，而这个烙印将会伴随我们的一生，成为深入骨髓、融于血液的独特精神气质。这是山大带给我们最好的礼物，也应该是我们每个人所珍视的宝贵财富。

最后，我想以一段话表达我对山大最真挚的感谢：于你，我想多一些停留，因为知新楼下有我青春的足迹；于你，我想多一句话语，因为老师给了我莫大的鼓励；于你，我想多存一张相片，因为那汇集了朋友们一起奋斗的笑脸。年华正好，我向青春致敬，向山大致敬！

作者简介：

李春阳，男，中共党员，山东大学新闻传播学院2018级新闻与传播专业硕士研究生，现就职于中共中央党史和文献研究院。在校期间，曾任山东大学第十七届研究生会副主席、新闻传播学院第五届研究生会主席、班长，于北大中文核心期刊发表论文一篇，参与专著编写一部，获国家奖学金、山东省优秀毕业生、山东大学优秀研究生干部等荣誉10余项。

从胸前的校徽，到眼前的世界
——我的五年山大时光

从 2016 到 2021
从青岛鳌山湾旁到济南大明湖畔
从懵懂青涩到坚定成长
在山大的五年时光是难忘的青春年华

胸前这枚小小的校徽是明丽的红色
佩戴着它,却能看遍大千世界鲜艳的彩色
佩戴着它,就能时时刻刻记起:
凡我在处,便是山大

时光如梭,见证成长,山大给予的是进取
向上向善,热爱家国,山大给予的是奉献
选择职业,成就事业,山大给予的是开拓
凝心聚力,见证发展,山大给予的是踏实
饮水思源,不忘母校,山大给予的是感恩

路遥遥可有归期
总会盼得朝阳起
五年的时光印记,汇聚成一句:
有你在时,那便是家
我爱你,山大!

2021 年 6 月 23 日,满怀着对母校的眷恋和对美好未来的憧憬,身着学士服的我来到毕业典礼现场。再次佩戴起胸前这枚鲜红的校徽,我的思绪不禁飘回五年山大时光的许多瞬间。

时光如梭，见证成长。我想起今年 5 月 4 日青年节，有幸代表山东大学入选国家奖学金获奖学生代表名录，我的事迹被刊登于《人民日报》。感动之余，我也深知成长是一段艰辛的旅途。大一结束时我的专业成绩排名一度垫底，是山大的环境与老师包容我试错、注视我成长、帮助我进步，点滴的改变才浇灌出如今的收获。去年“榜样的力量”颁奖典礼上，我佩戴着这枚校徽，从樊丽明校长手中接过校长奖证书时，心中满是感激。从迷茫到坚定，从懵懂到自信，感谢五年山大时光，赋予我一颗“进取之心”。

向上向善，热爱家国。我想起 2020 年 5 月 4 日，在“书记有约”青春分享会直播现场，向郭新立书记与全校老师同学们讲述着难忘的战“疫”故事。新冠肺炎疫情期间我与志愿者们佩戴着校徽，投身基层防疫，下乡村、守社区，并发挥专业特长，针对国际援助与防境外输入等涉外需求，组织起汇集中外 8 个语种 350 余人的“公译战疫”翻译平台，翻译成果 500 余项，字数 20 余万字，以实际行动支援抗疫。灾难面前我们无法也不愿将自己置身事外，感谢五年山大时光，赋予我一颗“奉献之心”。

选择职业，成就事业。我想起 2019 年 8 月 14 日，身为联合国青年领袖精英班学员，站在位于日内瓦市中心的联合国欧洲总部——万国宫门前，看着迎风飘摇的万国旗林而遐想。投身全球治理与国际组织一直都是我心中的梦，而山大则为无数像我一样的“追梦人”们提供最有力的支持。国际劳工组织、世界卫生组织、亚投行、外交部……每到一处，我都将这枚校徽别在胸前。无论选择何种道路，筑梦路上，山大人的脚步永不停歇；寻梦途中，山大人的斗志永不燃灭。感谢五年山大时光，赋予我一颗“开拓之心”。

凝心聚力，见证发展。我想起 2018 年 11 月 18 日，佩戴校徽作为学生代表大会代表为学校发展建言献策。由于曾作为院学生会负责人并长期从事学生工作，我亲眼见证过五年来学校日新月异的变化：优质免费的校园网与校车服务、有声自习室和考研自习室的设立、宿舍刷脸机与自助购餐机“黑科技”的普及、学生组织由办活动向服务为本和思想引领转变……都给同学们带来了切实的便利。山大人既聚势谋远谋事业发展，也脚踏实地行细微服务，感谢山大五年，赋予我一颗“踏实之心”。

饮水思源，不忘母校。我想起 2016 年 9 月 17 日，作为青岛校区第一批本科新生进入山大校园。就在那天，我买下这颗校徽。因专业选择来到济南五年后的今天，我仍将它佩戴在胸前。五年时光，从鳌山湾旁到大明湖畔，对山大的爱早已融会于心，在升学和就业的分岔口，我选择留在山大继续深造，希望学有所成，不负母校栽培。山大即将迎来一百二十周年校庆，在此祝母校生日快乐。学校永远是我们坚强的后盾和坚实的依靠，我们将一如既往地关注和支持母校事业发展。感谢五年山大时光，赋予我一颗“感恩之心”。

五载春秋，百廿山大。从胸前的校徽，到眼前的世界，我们就像一颗颗种子，在学鉴中外的课堂上吸收营养，在精彩纷呈的校园中沐浴阳光。今天的我们眼里有光，心里有火。我们崇敬袁隆平院士国士无双的高尚，我们缅怀张静静护士无私利他的牺牲，我们发扬中国青年奋勇而上的精神。就像母校能追寻育人之使命，我们也能追寻事业之方向；像祖国能战胜疫情之急难，我们也能战胜生活之险阻。毕业季的我们或许将告别母校，让青春在祖国最需要的地方绽放绚烂之花！祝一帆风顺，前程似锦。无论身在何处，我们都将铭记：山大，永远是家。

作者简介：

马文啸，山东大学外国语学院2016级英语与国际政治双学位专业本科生，山东省优秀毕业生，已保送山东大学国别与区域学专业攻读硕士研究生。中共党员，现任山东大学学生就业创业指导中心行政助理、山东大学学生全球治理与国际组织发展协会主席。参与5项科研课题，主持全校两项之一的年度文学类国家级大学生科创基金项目，获国家奖学金、山东大学校长奖、山东大学优秀学生奖一等奖等8项奖学金类奖励；2020年11月以全国人文社科类专业本科生唯一一人的身份获宝钢优秀学生特等奖；2021年5月入选本专科生国家奖学金获奖学生代表名录。

一棵小草的独白

将我留在这里
将无数一样的我留在这里
小小的根茎深扎在土里
叶上的绿色梦想是蓝天
如果夜晚有人涉足而过
有风在四季的轮回中吟唱
那一定是我，我新鲜的血液
我青春的身躯，我的倔强和坚持。

一个多世纪过去了，是在这里
精神一样痴迷的热情为我等待
山东大学堂，1901 年
我俯下绿色的温柔同你亲吻。
民国时期，解放时期
我想念你异地的影子，那些名字
华中建设大学，山东大学
你和历史一起转动时代的脉搏
看战火远去，硝烟远逝
我在这里，停留、聆听
学府的浩然正气
山东大学，2021 年
我昂起绿色的骄傲同你举杯。

我是在这里，时间将我留下
将每一棵勇敢的小草留下

在日积月累的温柔里
将一些成熟送出
稚嫩在这里锻造。

我很好奇,要走遍你的每个角落
立德、成德、弘德、明德、厚德
我在白天走,也在夜晚走
在风中走,也在雨中走
你告诉我要走自己选择的路
走在苦难和思想之上。
元圣路、书圣路、亚圣路、科圣路
让我为你热烈地摇晃秋的果实
在每一条路上,美丽缤纷。

我确信我在这里,泥土将我留下
异乡人的另一个故乡
水的另一条河流,火的另一把火炬
而唯一的你,靠近山也靠近海
我睡在你温柔的怀里
夜是巨大而贪婪的告白。

我们彼此不一样,却留在这里
是你的丰富容纳足够多元的现实
那一棵小草体弱,它时常哭泣
你会拂去叶上的泪滴
那一棵小草贫瘠,它时常卑懦
你鼓励它勇敢的在阳光下绽放。
我们也是一个世界,来自那些城市
在这里,就只有一个城市,一个名字
我们自信地代表你

向阳光发出邀请，向闪电投以蔑视
向生长的梦想追求，向困难发起挑战。

留在这里，因为爱和勇气的故事
树是笔直而雄壮的站立
花在它的季节恣意盛开。
我们的灵魂从未离去
冬夜在食堂饭菜的热气
树林下恋爱的情侣
只要一次来过
生命就从不错失它的春天。

有时候沉默不语，追求将我留在这里
将汗水洒在操场，每一个季节
黎明叫醒梦想，夜色不肯睡去
我们贪婪地翻阅每一本书籍
认识每一个陌生的面孔
分辨飞过的昆虫，呼吸知识的空气
教室黑板从没有停歇
图书馆也未尝试寂寞
我寻求法律的公平正义
我探索事物存在的意义
我求解每一个算式的秘密
我们如此不同却乐此不疲。
热情将我们留在这里
即使一阵路过的风也有思考
我们不再人云亦云，不再自私
小草会奉献，这需要更加进步的社会
在这里，小草明白得更多
去生长吧，热爱一切并且倔强地付出

爱和勇敢的信念。

将我留在这里
让我沉默地与你聊得更久
将我们留在这里
用微笑支撑整个冬天
在道路的两旁，树叶会很美好
在深邃的夜空，银河会很灿烂
又开始有新的脚步声响起
有来自遥远的风追逐同一个梦
那一定是我们，我们真诚的祝福
我们从未失去，我们一直都在。

作者简介：

朱海见，山东大学经济学院2019级世界经济专业硕士研究生。在校期间参加美丽中国行第十期陪读志愿活动，与边远山区孩子共读一本书。获学校中秋征文比赛二等奖，学院三行情诗比赛优秀奖，标语征集比赛一等奖，其诗歌作品曾在山大图书馆公众号发表。

再也不会去洪楼

“一二一，一二一！”
“立定！”
那天夜里，我踉踉跄跄
拽着连旗，拖着家当
一步一步地，踱入了洪楼的晚上

印象里的洪楼，是无华而含羞的
三桥对影风花雪月
桐叶斑驳雪月风花
温婉地串起了一冬又一夏
可是她不愿争妍
只愿像半文半白的半截蝴蝶诗
柔柔地耷拉在大教堂的塔尖之下
在八个校区里
显得那样的温柔、缱绻
那时我并未对洪楼生出什么情愫
也谈不上喜欢
只觉得，若她是个美人
那她一定是个恬静、优雅的美人
你们说，洪楼，是家

还记得我们初见时的样子吗
那时的你们
三两成群，全无队列
涂着胭脂，坠着首饰

抱着陌生的、滚烫的戎装
怯生生地挪到了十二号楼前
我站在营长的下首
挨个儿地端详着你们
现在想来，守纪的依旧认真
调皮的又可爱了那么一点儿
人很多，我好慌
壮着胆子几次走上前去
又犹豫着退到了一旁
算了，算了
装成一个大学长
他们应该看不出破绽

龟速行军，匀速训练
刚开始的时候
每一步动作都盘算好半天
每一个口令都生怕出了错
是你们这群捣蛋鬼让我逐步上道
又裹挟着我融入了洪楼的艺术洪流
我从“老师”“教官”“连长”“陈排”
变成了“阿宾”“弟弟”“笑什么笑”
训练任务之余
我的感性心逐步膨胀
我转变成“太平洋的警察”
越管越深越宽
你们不知道
为了一句“我喜欢他们，我想当他们的朋友”
挨了多少批评
作为一个教官
我思想不够正确

但能有幸成为大家的朋友
值了

请原谅我的频频皱眉
和偶尔的沉默
请原谅我的失言多语
和时有的冲动
我想让你们变得更好
真正成为一个集体，一个家
往后三年，振翅齐飞
谁也不会被落下
成为艺术学院的编外成员
我欣喜、陶醉、乐在其中
我想为你们唱颂歌
却不敢在众歌者面前献丑
我想为你们画群像
又无胆在诸画手面前“舞刀”
还是给你们写首诗吧
它打油、参差、不成文
却至清、至纯、至真诚
“我爱你们”
我说的

第一次觉得
红歌也能那样动听
以至于眼底结了霜
第一次知道
画一幅精巧的画
五分钟就眉清目秀
第一次明白

大学校园也充满实意真情
第一次这么矫情
以一个“铁血教官”的身份
第一次说“爱你们”
对一群认识不久的少男少女
这是我们的第一次
期待着有你们的下一次
再下一次

四年前的夏天
我的心脏同此刻一样炙热
那是我的高一
它使我整个儿地爱上了高中时代
流淌在往后的每一场美梦里
我感谢你们
让我找到了那份掷地有声的踏实感
和回声嘹亮的满足心
我总说我的高一无可代替
可现在有了你们这群“小兔崽子”
有了飞虎队、战狼队、会操队
有了这段九天八夜的如诗记忆
四年前的惊奇，不再“有且仅有”
我也说，洪楼，是家

洪楼好美
我早就知道了
洪楼好美
我现在才明白
没有“记得”，没有“怀念”
没有“此去经年”，没有“再难相见”

在此生不会更有的一天

愿与诸君

共话情意绵长

再也不会去洪楼

我要常回家

这个时代已没有戎马，炮火声奏成了进行曲，弹痕处也开出了黄色的野花。可枪是一定要扛的，这是少年时的梦想。如果党要扣动扳机，我就是她的子弹；如果党要和平谋发展，我就为她升旗擎旗。最缱绻的时光在七斤半的礼兵枪上打磨，最温蜜的岁月在洪家楼的军训场上流过。

中国人讲究凑整。整五小庆，整十大庆，整百则普天同庆。二〇二一年注定是历史的宠儿，百年党庆和百廿校庆，姜汁撞奶般紧紧交融在了一起。盛夏的七月，我们一身军绿，心却是火红色的。我们在灿烂的阳光下东临黄海南望泰山，又在响亮的强军战歌声中守护我的山大我的家。别样的军训，如诗的年华，我们这样向党和山大献礼。

军训是大学生活最有力的开篇之局，有关团结、勇气、热血和真情。那时的我们，与曦光赛早，与皓月争晚，扛红日灼身，伴清风送爽。从停止间到行进间，从稍息立正到正步立定，我们铸成了坚韧意志的钢铁长城；从相逢不相识，到相聚不忍离，我们珍藏了太多太多的独家记忆。

我们的情谊绝不只停留在一纸文书、一曲惊鸿、几张掠影、数台相机，我们的故事自辛丑盛夏的戎装起，又将伴着洪楼钟声荡起千千涟漪，投向往后经年更深更远的地方去。

我是一名教官，我爱我的孩子们。

我为他们写诗，穿过隔开我们的东西。

会操表演前一晚，营长说："不晚训了，去跟你们的教官说说话吧，想说啥都说说。"我们围成一个圈，盘着腿、拉着手、偎着肩。我掏出稿子来，那是我不成文的告白诗。我记得我哭了，刚开始读的时候大伙是笑着的，后来我们哭了，无声地。

那个夜晚月明星繁，四下蝉鸣。我仰在洪楼的青草上，咂摸着月亮落山前发生的所有故事。迷蒙中，我听到了我的声音，他的声音，以及她的声音：

“再也不会去洪楼，我要常回家。”

“洪楼可以去找你，常回家看看。”

风继续吹，不忍远离。

作者简介：

陈海宾，山东大学历史文化学院 2020 级历史学(强基计划)专业本科生，2020—2021 学年担任班长一职。热衷于文学写作，并运营个人的写作公众号，擅长创作诗、词、散文、随笔等。曾有数篇作品刊载于母校杂志上；曾投稿于著名杂志《萌芽》；曾参加叶圣陶杯全国作文竞赛，并获得二等奖。热爱祖国，身有军魂，现任山东大学国旗护卫队副队长。多次执行护旗、升旗任务；积极参加学工部组织的军事技能活动；组织施训并担任艺术学院 2020 级军训教官。

百廿，新征程

山东大学
东临黄海，南望泰山
立于齐鲁大地，扎根孔孟之乡

守钟灵毓秀，拥人杰地灵

回首百廿
尽是峥嵘岁月

渊源悠久史，千百学科
百廿历程河，厚重底蕴

巍巍学府
应天下事
让立校强音，响彻在海阔天际

兼容并蓄之坦荡，育英才之初心
为海纳天下才，唯学而至求

山大
实力雄厚，是奋斗
特色鲜明，是写照

苍穹之上，星河之下
卓越之志，拼搏之姿

百世历程镌写了
多少仁人志士
多少学术大家
多少英雄事迹

辛亥革命先驱徐镜心
抗日名将张自忠
民主战士闻一多
中国克隆之父童第周
共和国元帅罗荣桓
文化巨擘季羡林
杰出诗人臧克家
中国雷达之父束星北
“两弹元勋”王淦昌
数学家潘承洞
……
群星璀璨,共铸山大风华

他们
成就大美
点亮一盏盏明灯的同时
为一代代山大学子指明前进的方向

山东大学
您是,高等教育起源之一
您是,开医学教育之先河
您是,创章程性学堂

百廿风雨

不曾动摇

秉“为天下储人才，为国家图富强”之宗旨
行“学无止境，气有浩然”之校训

踔厉奋发，薪火相传
扬“崇实求新”之风

且看今朝
山大
有了跨越的发展
有了全方位的提升
有了前所未有的高度
有了显著增强的影响力

一校三地，汇聚多少英才
院士大家
领军人物
青年才俊
他们沉浸在科研的旅途中
勾勒出创新务实的学术画卷

一校三地，美景何其秀丽
中心南门，知新楼下
趵突泉内，齐鲁医堂
千佛山区，初夏主楼
洪楼一角，乔伟雕塑
兴隆山下，天工湖畔
软件园里，钟声依旧
青岛的夜，星河璀璨

威海海岸，天文台上

绿树琼山，红妆素裹
万紫千红，润物无声
云淡风轻，繁花似锦

看尽水秀柏森，风和日丽
眺望书堂内外，学子多才艺

守“为国育贤”之初心
成独具特色之人才培养体系

家国情怀、崇实品格
担当精神、创新素养
组成了广受赞誉的“山大基因”

学术之花，盛开在满园芬芳中
山大学子
明自强不息念
行披荆斩棘路
举谈笑风生意

在铿锵的征程鼓声中
接力
再行山大精神
澎湃激越

凡我在处，便是山大
无论天涯海角
求知的故园，青春的乡愁

山影生光 大放异彩

且听

高歌奋进长风破浪

且看

风华正茂直挂云帆

不重年岁的堆叠

但求每日的精进

百廿

是纪念

更是展望

百廿至，征程起

作者简介：

马玉斌，山东大学公共卫生学院 2018 级本科生，曾任学院团委委员，院学生会主席，大学生骨干班成员。山东大学共青团组织建设先进个人、优秀团干部，山东大学优秀志愿者，学院榜样的力量获得者，山东大学校园文体活动先进个人，参加各类科技创新创业比赛 30 余项，有国家级三等奖，省级二等奖、三等奖，校级一等奖等荣誉，有阅文集团签约小说一部。

行路有歌

行云流水间，下课的钟声轻轻敲响
蓝天如诗，微风轻拂黄透的梧桐叶
加缪谈论阳光与云朵的恋曲
我对天空微笑，今日晴
一切都是幸福的模样

在山大，幸福是沉淀
时光的征途，热烈而静默
一次次的锻炼，成长的飞跃
从小透明到能为他人建言
从困惑到逐渐习惯淡定
大学的日子因挑战而多彩
痛苦不是赞美的对象
却是凤凰浴火的成全

在山大，幸福是成长
浮躁的心，在知识中安宁
不安的梦，在挑战中清晰
要知道自己要追寻的方向
坚定而明亮，如夜空的星光
期待过，遗憾过
怀疑过，相信过
有过都值得

在山大，幸福是陪伴

披星戴月的日子共同前进
支离破碎的情绪中相互扶持
在办公室，在图书馆，在宿舍
是引领，是信任，是怀抱
生命不是一座孤岛
“我们”就有刺破黑暗的力量

时光未尽，故事未完
学无止境，气有浩然
录取通知书上的话溜进脑海
成为终生难忘的记忆
更是指引行进的星光
在最美的年华邂逅山东大学
一人一物，一草一木
一路走来一路歌

作者简介：

孙雯萍，山东大学外国语学院2021级本科生，现为山东大学兼职团干部、班级班长、外国语学院主席团成员、山东大学学生影视协会会长。曾获山东大学社会工作先进个人、山东大学优秀共青团员、学生会优秀志愿者、外国语学院优秀学生干部等荣誉称号。

芳华灼灼，弦歌不辍
（代后记）

百廿征途，星光不辍。在建党一百周年即将到来之际，共青团山东大学委员会组织筹备了《山大有诗》栏目，为中国共产党庆生，也为百廿山大献礼。“青春山大”公众号平台的《山大有诗》栏目按月更新。十二期推文围绕着十二个不同的主题，讲述了一代代山大人关于成长、关于奉献、关于家国的故事。在修改、整理《山大有诗》栏目的十二期推文并面向全校师生及校友进行文章征集后，最终凝结成这本《诗说山大青年》，为山东大学的百廿华诞送上最真挚的祝福。

百廿流金的岁月缓缓流淌，记录年轮的故事娓娓道来。十二个动人的故事，十二首献给山大的诗，刻录下一年的光阴，也刻录下山大人的精神风貌。在这里，有点滴生活中的感动：食堂用爱坚守的温暖，宿管无微不至的关心，安保尽职尽责守护；在这里，有学术路上的精进：我们借“榜样的力量”回顾来时路上的星光点点，借有趣的课程窥见创新与发展，借《文史哲》重温苦心孤诣的持守；在这里，有青年的责任与担当：一抹抹志愿红组成最美的风景，知识的种子被一代代人送到远方，捐赠造血干细胞的守望相助谱写出爱心传递的诗篇……在历史变迁中漫溯，在生活细微中发现，十二首诗传递着独属于山大的温度与力量。

此外，我们也面向全校师生及校友征集了十余篇属于他们的山大故事，他们的诗歌与文章或是表达对百廿山大的热爱与祝福，或是诉说对母校未来发展的美好期许。山魂海韵，魂牵梦萦。山大之于山大人，是藏在心底的缱绻，是日思夜想的念念不忘，而这情愫落于纸上，又成为本书不可或缺的篇章。

本书在学校党委和团委的指导下，由青年媒体中心各个部门参与策划创作。在本系列走向终章之际，我们衷心感谢学校党委和团委的重视与指导。同时，我们也衷心感谢青年媒体中心成员的辛勤付出；衷心感谢所有读者的耐心与包容；衷心感谢受访的同学与老师：你们是山大的骄傲！

末章，是终点，也是新的起点。在过去的时间里，我们回溯时光的长河，在采访中、在诗歌里、在镜头下定格一个个温暖的故事，为百廿校庆的画卷添上源自生活真实而又绚烂的色彩。未来，青年媒体中心也将始终坚定立场、不断创新、砥砺前行，努力以更丰富多彩的形式反映青年声音，做好媒体工作。在此，我们也祝愿所有的山大人，在百廿征途再启程之际，能够始终怀着"学无止境，气有浩然"的初心，积极传承山大精神，在历史中不断前进。

百廿芳华，且歌且行，以此为念。

编者

2021年8月